川上文代
デリス・ド・キュイエール
川上文代料理教室主宰

新装版

スープの教科書

知っておきたいスープの基本から、
定番、バリエーション、世界のスープまで、
豊富な手順写真で丁寧に解説。

はじめに

世界にはさまざまなスープがあります。塊の肉をじっくり煮込んだもの、魚を煮込んだものなど、滋味あふれるスープ料理は、人類の歴史に欠かせない料理のひとつです。本書はそうした、世界中のスープについて、基本とその作り方を紹介しました。

定番のブイヤベースやボルシチなどはもちろんのこと、かなりめずらしい世界のスープも紹介しています。コンソメスープ、トマトのスープ、ポタージュスープといったカテゴリー別のパートや、和の汁物のパートもあります。

スープ作りはだしが大切です。野菜や骨、昆布やかつおぶしなどを用いただしで作ると、濃厚な旨みと相まって、煮込むうちに滋味深い味に変化します。スープを作る際、時にはぜひだし作りからチャレンジしていただければと思います。

とはいえ、あまり身構えずに、時間や余裕があるときはだしから作り、時間がないときはインスタントのだしなどを利用していただくとよいと思います。

スープは材料が同じでも生活環境や生活習慣、風土が違うことでさまざまな味わいになります。日本の味噌汁ひとつとっても、それぞれの地方はもちろん、家庭ひとつひとつにおふくろの味があります。これは、世界のスープも同じこと。同じトマトスープでも地域が異なれば、まったく違うスープができあがります。本書を活用しつつ、自宅にいながら世界一周の旅を堪能してみてください。

今回、新装版として刊行するにあたり、サイズが大きくなり、より見やすくなったのではと自負しております。料理の詳細な工程写真やアレンジメニュー、解説付きレシピ、ポイントなども掲載しておりますので、料理初心者でも本格的なスープ料理が作れると思います。レシピ以外にもコラムとして、材料やコツを説明しています。本書の内容をもとに、ご自慢のひと皿を見つけていただければ幸いです。

川上文代

Contents

第1章
スープの基本

第2章
定番スープ

Contents

第3章
スープのバリエーション

第4章
世界のスープ

第5章
日本の汁物

本書の決まり

- 掲載しているレシピは、食べやすくするため著者の意向により正式なレシピを多少アレンジしているものもあります。
- 文中のㇹ゚は料理のポイント、㊨は準備の工程を示しています。
- 材料の表記は、1カップ＝200cc、大さじ1＝15cc、小さじ1＝5ccです。
- 所要時間や煮込み時間などはあくまで目安です。様子をみて時間を調節してください。
- オーブンや電子レンジは機種により性能が異なるので、様子を見て温度を調節してください。
- 揚げ油や、下処理に使う材料に関しては基本的にすべて分量外にしています。
- レシピ内のカッコの分量はあくまで目安です。素材の状態によって変わります。

Staff

写真撮影　永山弘子
デザイン　中村たまを
イラスト　いとうこうじ
料理制作協力　結城寿美江・片岡亜理歌・野口佳織
編集・製作　バブーン株式会社（矢作美和・丸山綾・後藤海織・藤村容子）

第1章

スープの基本

スープの基礎知識

例えば、日本人が海外旅行から帰って味噌汁を飲むとホッとするように、世界中どの国にも、味噌汁的な意味をもつスープがあります。スープはいわば代表的なおふくろの味。どんな高級料理にもかなわない、心も体も温かくする食べ物であるスープの魅力と背景を探ってみましょう。

世界のスープ分布図

国の数だけあるさまざまなスープ。ここでは本書で掲載している代表的なスープを紹介しましょう

ボルシチ
（ロシア）

てんさいの仲間、ビーツを使ったスープ。ロシア風、ウクライナ風など国や地方によって多少異なる

クラムチャウダー
チリコンカン
（アメリカ）

クラムチャウダーはアメリカ西海岸で生まれた、貝類がたっぷり入ったクリームスープ。メキシコ料理と思われがちなチリコンカンは、実はテキサス州生まれ

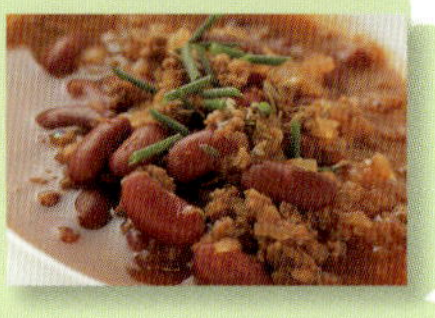

サムゲタン
ミヨックッ（わかめスープ）
（韓国）

わかめスープは、牛肉からだしを取るのが韓国流。サムゲタンは、鶏一羽の中に朝鮮人参やなつめなどをつめた、夏に食べるスープ

味噌汁
すまし汁
（日本）

汁のベースの多くが味噌仕立てで、具材は地方により異なる。冷や汁のようにご飯にかけて食べるものもある

トムヤムクン
（タイ）

かつてタイの宮廷で食べられていた世界3大スープのひとつとされる。辛く酸っぱいスープ

トルティーヤスープ
（メキシコ）

トウモロコシをすりつぶして作ったトルティーヤを添えたピリ辛のトマトスープ

食材のごった煮とはいわせない！
スープは栄養の宝庫

スープは、メインほど目立ちませんが、食事には欠かせない料理です。野菜や肉を一緒に入れて煮込むだけというシンプルな作り方を基本に、とろみをつけたり、ミキサーにかけたりと、ひと工夫するだけでさまざまな味わいの変化を楽しめるのは、スープの魅力のひとつでしょう。

栄養面でもスープは優れています。ゆでる、蒸すという調理法では失われがちなビタミンやミネラルなどの栄養素も、スープなら汁に溶けたぶんまでいただけます。また、さまざまな食材を使うことでたくさんの栄養素がとれ、消化吸収もよく、体の不調にも対応できます。例えば、韓国料理店でおなじみのサムゲタンやミヨックッは、本国では産後の肥立ちをよくするため、昔から飲まれています。

オックステールスープ
(イギリス)
冬が厳しいイギリスでは、ラムやテールを煮込んだ体を温めるスープが多い

コンソメ／ポトフ
ブイヤベース
ポタージュ
(フランス)
ブイヨンの味を重視した洗練されたスープが多い。南仏地方の漁師が新鮮な魚介類で作ったブイヤベースなど、地方の味も豊富

グーラッシュ
(ハンガリー)
牛肉、玉ねぎ、パプリカなどを煮た、こってりしたハンガリー風のシチュー

ふかひれスープ
えびワンタンスープ
パオミータン
(中国)
中華料理ではスープのことを湯（タン）と呼ぶ。鶏がらスープをベースに、さまざまな味つけのものがある

ドマテスチョルバス
(トルコ)
本場では、採れたての完熟トマトを使って夏場に作る。スパイスが効いたシンプルなスープ

タラトル
(ブルガリア)
名産のヨーグルトをたっぷり使った冷たいスープ

ガスパチョ／サルスエラ
(スペイン)
魚介類やサフラン、トマトを使った具だくさんスープが多いのが特徴

ミネストローネ
(イタリア)
玉ねぎやにんじんなどの野菜のエキスがたっぷり染み込んだ優しい味

モロヘイヤのスープ
(エジプト)
エジプト原産のねばりのある葉を、あたり鉢で刻んで作る緑色のスープ

サンバール
(インド)
だしは使わず、素材から出る旨みだけで作る、スパイシーな豆のスープ

民族の知恵がつまった世界のスープ

固くて食べられなくなったパンを野菜などと煮た、かゆ状の料理がスープの原型だったといわれています。ここから、土地の食材や風土などと結びついて、さまざまな食材をごった煮にした、土着的な家庭のスープが各地で育まれてきました。スパイスをたっぷり使ったインドの「サンバール」、エジプトの食卓に欠かせないモロヘイヤを刻んで作る「モロヘイヤスープ」「ビーツの赤色が鮮やかな「ボルシチ」など、色合いから素材まで、多種多様なスープが存在します。

同時に、ヨーロッパの上流階級の食卓では、ブイヨンを極限にまで澄ませたコンソメや、じゃがいもなどのデンプン質を裏ごししたポタージュなど、洗練されたスープも生まれました。

日本の汁物も忘れてはいけません。日本の汁物にも、その土地土地で食べられてきた土着的なものと、会席料理の「お椀もの」として進化した、洗練されたものがあります。

世界のスープも、日本の汁物も、元を辿れば「我が家の味」。スープは、その土地に住む民族の知恵が溶けこんだ伝統的な料理なのです。

スープ作りに必要な道具

スープやシチューは、たんに鍋で煮込むだけでなく、裏ごししたり、ミキサーにかけたり、さまざまな調理法があります。特殊な調理器具は必要ありませんが、仕上がりをよりよいものにするために最低限用意してほしい、おすすめの道具を紹介します。

鍋

スープを煮込む鍋は、厚めで金属製のものが一番。重いのが難点だが、熱伝導がよく焦げにくいので、長く煮込むスープに向いている。また、煮込み時間を短縮できる低圧力鍋や圧力鍋は、少々値は張るがあると大活躍するもの

フライパン

肉や魚にこんがりした焼き目をつけたいときはフライパンが便利。テフロン加工のものならば、焦げつきにくく、後片付けも簡単。中華鍋は、炒め物や揚げ物、煮物、中華スープと幅広く使える

レードル 木じゃくし ヘラ

アク取りやスープを注ぐためのレードルは、注ぎ口がついた横広タイプが使いやすい。ヘラで鍋やボウルの中身を集めるときはゴム製が便利。耐熱素材なら熱々のスープでも安心

※商品協力:池商 ☎042-795-4311(P12～13)

ざる、シノワ、こし器

ざるやシノワは、こす必要のあるスープに使う。仕上げ用には目の細かいものが理想的で、野菜の食感を残したいときは目が粗く頑丈なものを使う

ミキサー

ポタージュやガスパチョなど、材料を細かく撹拌するときに使う

ボウル、泡立て器

ボウルは粗熱を取るとき、鍋ごと入れられるサイズがあると便利。また、泡立て器があればルウと牛乳などをむらなく混ぜられる

これもそろえておけば便利です

必ずそろえなくてはいけないものではありませんが、そろえておくとスープ作りがスムーズになります

抜き型

簡単に具を飾り切りにできる抜き型。さまざまな形のものがセットになっているものも

あたり棒、あたり鉢

胡麻などの油分の多いものや、スパイス類をまぜてすりつぶしたいときに使う

蒸し器

中華のスープやしんじょを作るとき、具の形をくずさずに加熱したいときなどに

チーズグレーター

チーズおろしのほか、せん切りやスライス用のカッター機能もあるものが便利

基本のブイヨンの作り方

あらゆるスープの基本の材料になるのがブイヨンです。手作りだからこそ出る深みのある味わいは、市販のものには決してまねできません。作り置きして冷凍保存をしておけば、さまざまなスープ作りに使え、また、調理時間も短くなるので便利です。

チキンブイヨン

鶏がらからとったブイヨンは風味がよく、クセのない万能選手。ヨーロッパの数多くのスープやシチューで基本のだしとして使われます

材料（約1ℓ分）

鶏がら…4羽分、鶏もも肉…1枚（250g）、水…2ℓ、玉ねぎ…1/2個（100g）、クローブ…1本、にんじん…3/4本（120g）、セロリ…1/2本（50g）、ローリエ…1枚

1

鶏がらは内臓がついていたら取り除いて洗う。寸胴鍋に水と鶏がらを入れて、強火にかける

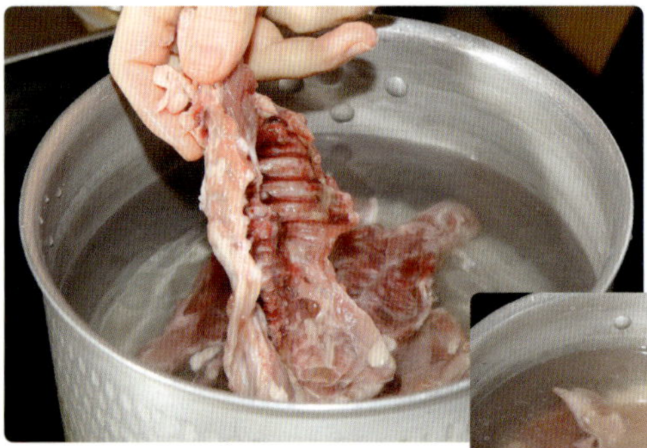

2

アクが浮かんできたら、レードルで丁寧に取り除く

3

玉ねぎにクローブを刺す。にんじん、セロリは縦に4等分する。これらとローリエ、鶏もも肉を鍋に加え、軽く沸騰した状態で約2時間煮込む

4

シノワにクッキングペーパーを敷き、3の鍋の上澄みをレードルですくってこす。ある程度すくったら鍋を持ち上げてゆっくりこす。静かに流し入れないとブイヨンが濁ってしまうので注意

フォン・ド・ヴォ

**子牛のすね肉や骨から、
濃厚な旨みが溶け出したフォン・ド・ヴォ。
材料は、香ばしく焼き上げてから煮込むのがポイントです**

材料（約1ℓ分）

子牛すね肉…300g、子牛すね骨…1kg、玉ねぎ…3/4個（150g）、にんじん…1/3本（50g）、セロリ…1/5本（20g）、エシャロット…1個（100g）、にんにく…1片（10g）、トマト…大1/2個（100g）、トマトペースト…20g、水…4ℓ、白粒コショウ…3粒、タイム…1枝、ローリエ…1枚、サラダ油…適量

1

にんにくは皮つきのまま縦半分に切り、玉ねぎ、にんじん、エシャロット、セロリは粗く切る。天板に油を塗り、子牛のすね骨と野菜を220℃のオーブンで全体に焼き色がつくまで焼く

2

フライパンにサラダ油を熱し、5cm角に切った子牛すね肉に焼き色をつける。1の天板を途中で取り出し、すね骨をひっくり返して裏面にも焼き色をつける

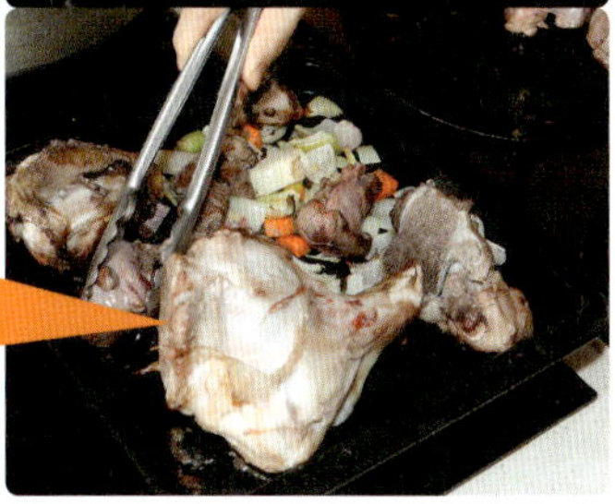

POINT
すね骨は全体に焼き色を
1の子牛すね骨は、ときどき裏返して全面にこんがりと焼き色をつけること

3

2の天板の材料に焼き色がついたら、トマトペーストを全体にまぶしてさらに焼く

4

寸胴鍋に水と3の子牛のすね骨と2のすね肉を入れて強火にかける。沸騰したらアクを取り、3の野菜と白粒コショウ、縦半分に切ったトマト、タイム、ローリエを加え約6～7時間煮込む

5

アクはこまめに取り除く。所定の時間が経ったらシノワにクッキングペーパーを敷き、鍋を傾けて静かにこす

魚のだし汁

白身魚から出るあっさりとした味わいのブイヨン。
骨の髄などから雑味が出ないうちに、
すばやく仕上げるのがコツです

材料（約1ℓ分）

舌平目…300g、玉ねぎ…1/3個（60g）、エシャロット…1/5個（20g）、セロリ…1/3本（30g）、マッシュルーム…2個（14個）、白ワイン…100cc、水…1ℓ、白粒コショウ…3粒、タイム…1枝、ローリエ…1枚

1

舌平目は頭から尾に向かって両面の皮をはぐ。頭とえらを切り落とし、内臓、血合いを取り除いて洗ってから大きい身は半分に切り、身と頭を氷水に約5分間浸して血や臭みを抜く

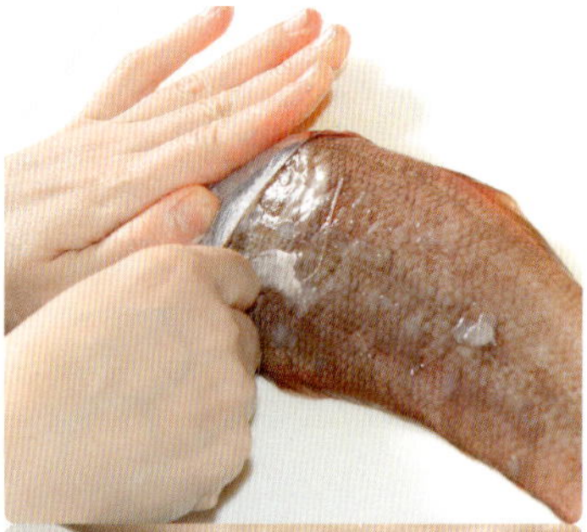

2

寸胴鍋に水と白ワインを入れ、薄切りにした野菜、1の舌平目、白粒コショウ、タイム、ローリエを入れて強火にかける

3

アクが出たらレードルですくいながら約20分煮込む。シノワにクッキングペーパーを敷き、静かにこす

POINT
強火で煮込まない
グラグラと強火で煮立たせた状態で煮込むとだし汁が濁ってしまうので、沸騰したら火を弱める

ビーフブイヨン

牛肉と鶏がらを使った、コクのある味わい。
フォン・ド・ヴォと合わせて使うことも。
香味野菜や香辛料が味わいを引き立てます

材料（約1ℓ分）

牛すね肉…300g、鶏がら…4羽分、水…3ℓ、玉ねぎ…3/4個（150g）、にんじん…2/3本（100g）、セロリ…1/2本（50g）、にんにく…1片（10g）、トマト…大1/2個（100g）、クローブ…1本、白粒コショウ…3粒、タイム…1枝、ローリエ…1枚、白ワイン…100cc

1

玉ねぎは縦半分に切り、片方にグローブを刺す。にんにくは縦半分、セロリは大きめに切る。にんじんは4等分に切り、牛すね肉は脂を取り除き、ぶつ切りにする

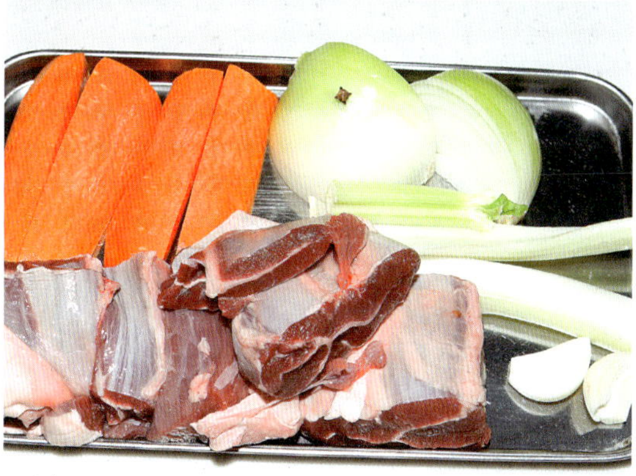

2

寸胴鍋に水、内臓を取った鶏がら、牛すね肉を入れて強火にかける。アクはこまめに取り除く

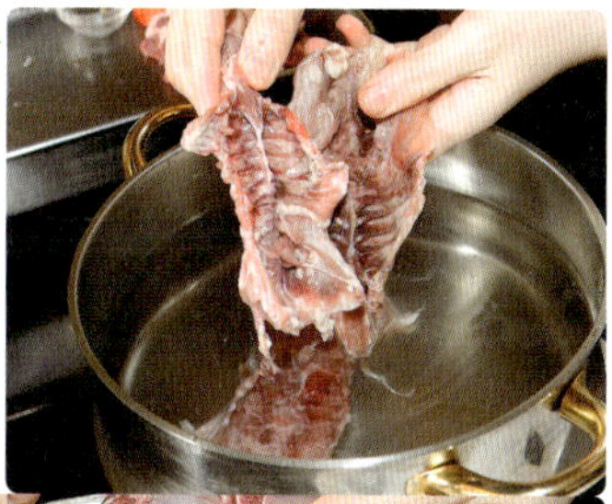

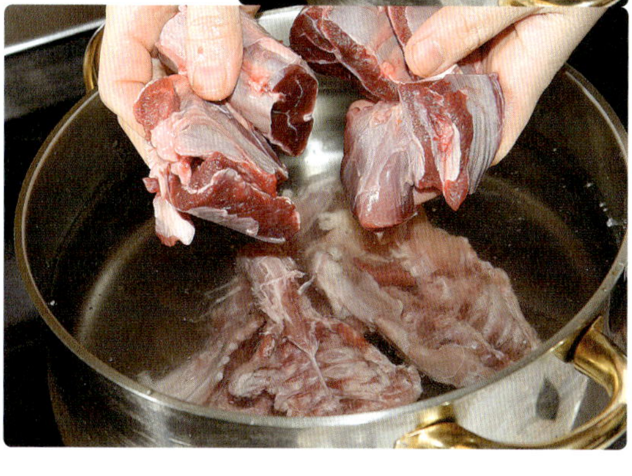

3

2の鍋に1の材料とトマト、白粒コショウ、タイム、ローリエ、白ワインを加えて軽く沸騰した状態で約4時間煮る

POINT
クローブの意外な活用法
クローブは玉ねぎに刺しておけば、香りが出すぎたときにすぐ見つけて取り除ける

4

所定の時間が経ったら、シノワにクッキングペーパーを敷き、レードルで静かにこす

基本の和風だしのとり方

日本の汁物には欠かせないだし汁。ヨーロッパのブイヨンと違い、材料がシンプルで作り方も簡単です。風味がとても繊細なので、作り置きはせず、その都度使う分だけ作ったほうが、仕上がりもよくなります。

昆布とかつおの一番だし

短時間でも、昆布とかつお節からたくさんの旨みが出ます

材料（約800cc分）
水…1ℓ、昆布…10㎝角1枚、かつおぶし…15g

1 昆布はふきんなどで軽く拭き、ほこりや汚れを取る。分量の水に昆布を入れ、戻るまで30分以上置く

2 鍋に1を入れて中火にかけ、沸騰する前に昆布を取り出す

3 すぐにかつおぶしを加え、沸騰したら弱火にする。アクが出たら取り除く

4 火を止め、かつおぶしが沈んだらさらしをかけたざるに静かに上澄みを注いでこす

煮干しだし

独特の濃い旨みをもつだし汁。生臭さが出ないよう注意しましょう

材料（約800cc分）
水…1ℓ、煮干し…15g、酒…大さじ1

1 煮干しは頭と内臓部分を指で取り除き、軽く洗う。水に一晩漬け、戻し汁ごと鍋に移す

2 鍋を強火にかけ、沸騰したら酒を加える。火を弱めてアクを取り、5分経ったらさらしをかけたざるで静かにだし汁をこす

基本の中華だしのとり方

豊富な調味料で、さまざまな味わいのものが存在する中華スープ。そのほとんどは、鶏がらから取っただしを使います。だし汁作りでは、ねぎ、しょうがなどの香味野菜で、鶏がらから出る臭みだけを抑え、肉の旨みを引き出すのがポイントです。

鶏がらスープ

中華料理のスープでは基本といえるだし。鶏がらをしっかり洗ってから使うと臭みが出ません

材料（約1ℓ分） 水…3ℓ、鶏がら…4羽分、豚骨…1/4本、長ねぎ（青い部分）…2本分、しょうが…1かけ

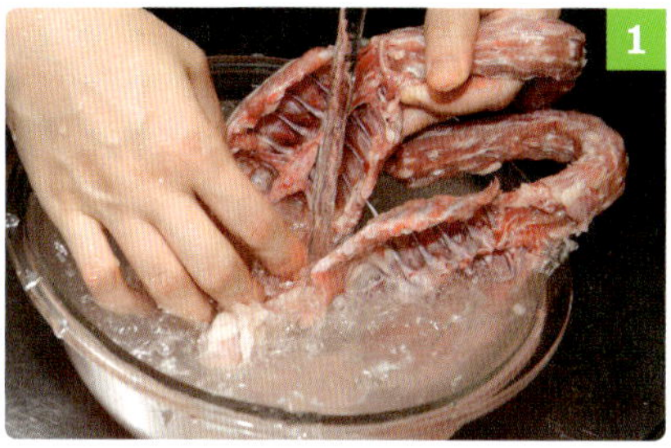

1 鶏がらは内臓や脂を取ってから、流水で血をよく洗い流す。洗った鶏がらと長ねぎはぶつ切りにする

2 寸銅鍋に水、鶏がら、豚骨、長ねぎ、厚く切ったしょうがを入れ、強火にかける。アクが出たら取り除く

3 沸騰したら火を弱めて2時間煮込む。シノワにクッキングペーパーを敷き、静かにこす

清湯《ちんたん》スープ

雑味やにごりを徹底的に取る、洗練された透明なスープ

材料（約1ℓ分） 鶏がらスープ…2ℓ、鶏ささみ…100g、豚もも肉…100g、長ねぎ（青い部分）…10g、しょうが…5g

1 ささみ、豚肉は粗いミンチにする。長ねぎは粗みじん切り、しょうがは薄切りにする。鍋の中で1の材料を粘りけが出るまで手で混ぜる

2 1の鍋に鶏がらスープを加えて手で軽くのばしたら火にかける。沸騰するまで常に混ぜ続けること

3 沸騰したら混ぜるのをやめて30分煮込む。シノワにクッキングペーパーを敷き、静かにこす

基本のルウの作り方

シチューに濃度をつけるのに欠かせないのが、小麦粉をバターで炒めて作るルウ。白いルウは、火加減に気をつけて焦がさないのが鉄則。茶色いルウは、色をつけていく過程で炒めすぎると、焦げ臭くなるので注意しましょう。

白いルウ 〜ルウ・ブラン〜

牛乳を加えるとベシャメルソースに

クリームシチューなどにとろみをつけるときに使います。小麦粉のダマがなくなるまでしっかり混ぜましょう。牛乳を加えて溶きのばすとベシャメルソースに。

材料（約80g分）
薄力粉…50g、バター…50g

1

鍋にバターを入れて熱し、溶けたら火を止めて、ふるった薄力粉を加える。ゴムべらで混ぜる

2

ある程度混ざったら弱火にかけ、バターがブクブクと泡だつくらいに調節して２〜３分混ぜ続ける。ゴムべらですくうとサラッと流れるようになったらできあがり

保存するなら

密閉できる容器に移して冷蔵室へ

ルウは冷蔵保存をすると１か月は持ちます。保存するときは、粗熱を取り、ふたつきで密閉性の高い保存容器に移せばOKです。

茶色いルウ
～ルウ・ブロン～

焦げつきに注意してきれいな茶色に

ビーフシチューなど、色のついたシチューやスープに使います。ある程度色がついたら火からおろし、粗熱を取りながら混ぜると焦げる心配がありません。

材料（約80g分）
薄力粉…50g、バター…50g

鍋にバターを溶かし、ふるった薄力粉を加える。白いルウと同様に、火を止めてゴムべらで混ぜる

ある程度混ざったら中火にかけ、バターがブクブク泡立つ状態を保って混ぜ続ける。火が強すぎると焦げやダマの原因となるので注意

ルウの色に注意！

NG! ルウを焦がさない
ルウを焦がしてしまうと香りが著しく悪くなるので、加熱時間と火加減には気をつける

ルウから粘りけがなくなり、液状になって茶色く色づいたら火を止める

澄んだスープにするためにアク取りは必須！

スープの仕上がりをよくするために、アク取りの作業は欠かせません

神経質にならずに適度なアク取りを心がけて

アクは、硝酸やシュウ酸、タンニンやアルカロイド物質などが主な成分です。ほとんどがえぐみや苦みなど不味の原因となるので、アクをしっかり取ることはスープのみならず、料理の基本です。特にブイヨンやだしを作る場合、すっきりとして澄んだ味わいを作るためにアクをしっかり取り除いたほうが仕上がりはよいでしょう。

アクは、鍋を火にかけて、煮はじめたころによく出ます。このとき、強火でグラグラと煮てしまうと、アクが汁の中に充満して、取りにくくなり、濁りの原因になるので、火加減にも気をつけます。アクが出てきたら、レードルや玉じゃくしなどで、アクだけを手早く丁寧に取り除くようにします。

ただし、神経質になりすぎるのも逆効果。煮汁の旨みまで取り除かないよう、適度に加減して行うことが大切です。

上手なアク取りのコツ

白い泡のようなアクが出てきたら、レードルを鍋肌に添わせるようにしてすくい取る

ボウルを片手に持ち、アクに息を吹きかければ、大切な煮汁まで捨てずにすむ

余分な脂も取り除く

スープやブイヨン作りでは、肉からたっぷりと脂が出てくる。澄んだ仕上がりにするためには取り除いたほうがよい

浮いた脂は取り除く

POINT アクの出やすい素材

- にんじん
- 玉ねぎ
- 大根
- ごぼう
- さといも
- 魚介類
- 肉類
- ガラや骨

根菜類や、肉の骨などは、アクが出やすい素材なので、丁寧に取ること。時間がない場合は、市販のアク取りシートを使うと便利

第2章

定番スープ

スープの歴史をひもとく

スープはどこで生まれ、どうやって広がっていったのでしょうか

固いパンを柔らかくするため始まったスープの歴史

スープは、もともと固くなったパンを食べるための手段として、紀元前の昔からヨーロッパの家庭で作られていました。スープという名前も、この方法から生まれた言葉です。スープが転換期を迎えるのは11世紀から13世紀にかけてのこと。ただのごった煮から、素材を煮出した汁そのものを味わうひとつの料理へと発展していきます。さらに15世紀ごろからはじまった大航海時代には、さまざまなスパイスやハーブが入ってきたため、これらと土着の食材とが組み合わさった土地ごとに特色あるスープが生まれました。

17世紀には、上流階級の間で、澄んだ煮汁を味わうコンソメのような洗練したスープも登場します。こうしたスープは、やがてレストランの味へと代わり、家庭のスープとは別の道を歩んでいくのです。

スープ年表

紀元前1500～1600年

エジプトでは、家畜や野生の鳥獣類、野菜などをごった煮にした料理が食べられていたことがわかっている。スープの歴史はここから始まった

11～13世紀ごろ

十字軍の遠征により、ヨーロッパにさまざまな香辛料が届けられた。それによりスープの味わいもグンと増えることに

18世紀～現代

土着のスープは伝統的な家庭の味として定着した。貴族の洗練されたスープは、フランス革命などにより、王侯貴族のおかかえシェフが街でレストランを開いたのをきっかけに、レストランの味として発展する

日本でのスープの歴史

西洋のスープが浸透するまで

スープという料理が世に出回り始めたのは、明治維新後の文明開化のころ。そのころ次々に開店した西洋料理店で、スープは「ソップ（牛羹汁）」という名で提供されていた。明治19年頃、ある女学校で西洋料理の授業がスタート。しだいに庶民の間でスープという名が広まってくる。昭和26年に缶詰スープが発売されたのを皮切りに、日本人向けの即席スープがつぎつぎに販売。インスタントタイプや、牛乳や卵を加えて作る調理タイプなどの登場により、スープは私たちの食卓に欠かせない存在となった

Beef Consomme

ビーフコンソメ

くもりのない色に深い味わい……
もっとも洗練されたフランスのスープ

ビーフコンソメ

材料（2人分）

牛赤身肉（もも肉またはイチボ肉）…200g
玉ねぎ…1/3個（60g）
にんじん…1/5本（30g）
セロリ…1/5本（20g）
トマトピューレ…30g
卵白…2個分（60g）
ビーフブイヨン…900cc
パセリの茎…1本
タイム、ローリエ、粗塩、コショウ…各適量
シェリー酒…適量

浮き実の材料

さやいんげん…2本（10g）
にんじん…10g

Point

卵白に穴を開け、
対流させながら煮る

所要時間 90分

01 浮き実を作る。さやいんげんは筋を取り5mm幅に、にんじんは皮をむき5mm角に切る。

02 鍋に水を入れ、沸騰したら粗塩を溶かす。01のさやいんげんは3～4分、にんじんは5～6分ゆで、ざるに上げて、あおいで冷ます。

03 牛赤身肉は脂を取り5mm角に切り、玉ねぎ、にんじん、セロリは1～2mmの薄切りにする。タイム、ローリエ、パセリの茎は手でちぎる。

04 鍋に03、粗塩、コショウ、トマトピューレ、卵白を入れて混ぜる。卵白が全体になじんできたらビーフブイヨンを加え、強火にかける。

05 木べらで絶えずかき混ぜ、75℃くらいの熱さになったら混ぜるのを止める。卵白が固まってきたら弱火にし、3か所空気穴を開ける。

06 軽く沸騰する程度の火加減を保ち、約60分煮込む。シノワにクッキングペーパーを敷き、レードルですくい、ゆっくりこす。

07 澄んだコンソメにするために、浮いてきた油はクッキングペーパーを浸してすぐに取る。(ポ)油がついたレードルなどはなるべく使わない。

08 07を鍋にうつし、温める。コショウで味を調えたら器に注ぎ、02の浮き実を飾る。好みでシェリー酒を加える。

Mistake!

コンソメがにごってしまった！

コンソメをこすときに、クッキングペーパーに残った具材を押さえると、コンソメがにごってしまいます。しばらく置いておくだけで自然に煮汁が落ちます。

レードルなどでぎゅっと押してはダメ

材料（2人分）

ビーフコンソメの出しがら…P26のものを使用

鶏のクネルの材料

鶏むね肉（皮なし）…100g、卵白…10g、生クリーム…50cc、塩・コショウ…各適量

Point

鶏肉のクネルに中心までしっかり火を通す

所要時間 90分

Consomme Arrange

鶏のクネル入りビーフコンソメ

鶏のだしがきいた味わいのある一品

01 コンソメの2番だしを作る。鍋にP26のビーフコンソメの出しがらとかぶるくらいの水を加えて火にかけ、沸騰したら弱火で15分煮る。

02 シノワにクッキングペーパーを敷き、01をこす。静かに注ぎ、レードルですくえないようなら具材をシノワの上に出し、しばらく置く。

03 クネルを作る。鶏むね肉の筋を取り、2cm角に切る。フードプロセッサーに入れ、塩・コショウを加えて、なめらかになるまで回転させる。

04 卵白、生クリームを2～3回に分けて入れる。入れるたびこまめに回転させ、なめらかになるまで混ぜ合わせる。(ポ)混ぜ過ぎると分離する。

05 スプーン2本を使って、04をフットボール型にする。(ポ)スプーン2本を交互に動かして、形がしっかりつくまで、5～6回繰り返す。

06 02を火にかけ、温まったら05を入れる。火が通ったら器に盛る。(ポ)クネルは中に火が通るまで、時々回転させながら3分ほど待つ。

スープのHOTコラム❶

“完全なるスープ”コンソメが琥珀色になるまで

もっともシンプルで難しい、コンソメをうまく仕上げるには

ひき肉と卵白を入れた瞬間

卵白は固まらず、濁っている状態

70℃になったころ

素材からアクが出てきているが卵白はまだ固まらない

75℃になる直前

卵白がだんだん固まりだし、もっともにごっている

100℃になったころ

卵白が固まり、アクが集まっている状態。まだ完璧ではない

100℃から約8分後

アクなどが卵白に集まり、だんだんと澄んでくる

できあがり

最終段階に近づくと琥珀色に色づく。そして完成

いちばん完璧なスープ、コンソメの作り方の秘訣

コンソメは、具材はなくシンプルなゆえに、一見簡単そうに見えますが、完璧に仕上げるには熟練の技を要します。そもそも、コンソメの名前の由来は「完成する」というフランス語からきています。その名のとおり、肉や野菜、卵白などをブイヨンに入れて常に軽く沸騰している状態を保ち、煮込み、アクや脂を卵白に吸着させ、さらにこすという、手間のかかる調理法で作られます。

コンソメを作るときに大切なのは、温度の変化を逐一確認することです。また肉や野菜、卵白をブイヨンに入れて、混ぜながら卵白が凝固するのを待ちますが、固まってからむやみに混ぜると、濁りの原因になるので注意します。

こすときはゆっくり慎重に。これらの作業をきちんと行うことで、澄んだ琥珀色のコンソメができあがるのです。

Bouillabaisse

ブイヤベース

南仏地方の漁師が生み出した
滋味深い家庭の味

ほうぼうの下処理

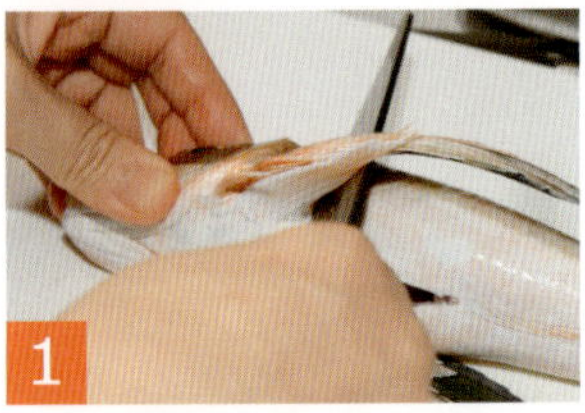

1 うろこを取り、胸びれと腹びれを一緒に落とせるよう、斜めに包丁を入れる。

2 裏返して同様に包丁を入れ頭を落とす。

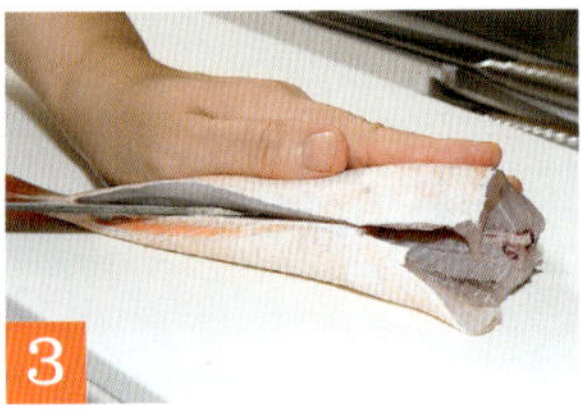

3 腹びれより 5mm上の皮に包丁を入れ、中骨にそって身を切り離す。

4 背中側も同様に、背びれより 5mm上の皮に包丁を入れ、中骨にそって身を切り離す。

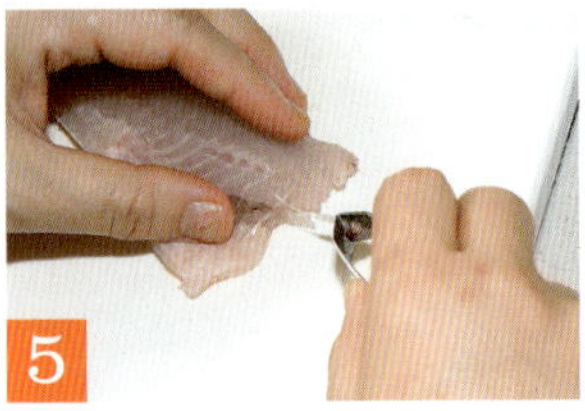

5 裏面も同様にして３枚におろし、小骨を骨抜きで抜く。

いさきの下処理

1 うろこを取り、胸びれと腹びれを一緒に落とせるよう、斜めに包丁を入れる。

2 裏返して同様にかまを頭につけて切り込みを入れ、頭を落とす。

3 腹びれより 5mm上の皮に切り込みを入れ、中骨にそって包丁を入れて身を切り離す。

4 背中側も同様に背びれより 5mm上の皮に包丁を入れ、尾から頭に向かって身を切り離す。

5 裏面も同様にして３枚におろしたら、腹骨をすくい取り、小骨は骨抜きで抜く。

ブイヤベース

材料（2人分）

オマールえび…1匹（500g）
ほうぼう…1尾（200g）
いさき…1尾（180g）
ムール貝…4個（120g）
玉ねぎ…1/2個（100g）
にんじん…1/6本（30g）
ういきょうの茎（またはセロリ）…1/5個分（30g）
長ねぎ…1/2本（30g）
完熟トマト…大1個（200g）
魚のだし汁…2カップ（400cc）
チキンブイヨン…2カップ（400cc）
アニス酒…大さじ1·1/3
白ワイン…80cc
トマトペースト…20g
サフラン…小さじ1/3
にんにく…1/2片（5g）
オリーブオイル…大さじ1と2/3
バター…5g
タイム、ローリエ、塩・コショウ…各適量

ルイユの材料

ゆでたじゃがいも…1/5個分（30g）
ゆでた赤ピーマン…15g
ブイヤベースの煮汁…上記より50cc
オリーブオイル…20cc
にんにく、カイエンヌペッパー…各少々

飾り

バゲット…4枚（8mm厚さ）
にんにく、オリーブオイル…各適量
ういきょうの葉…少々

Point

魚介類の下ごしらえをしっかり行う

所要時間
80分

01 準魚のあらはぶつ切りにし冷水に浸す。玉ねぎ、にんじん、ういきょう、長ねぎは薄切りに、完熟トマト、にんにくは粗切りにする。

02 鍋に大さじ1杯分のオリーブオイルとバターを熱し、にんにくを入れ香りが出たら、01のトマト以外の野菜をよく炒める。

03 いさきとほうぼうのあらを加えてさらに炒める。

04 アニス酒、白ワイン、01の完熟トマト、トマトペースト、魚のだし汁、チキンブイヨンを順に加え、タイム、ローリエを入れて煮込む。

05 煮立ったらアクを取り、空煎りして指で粉々に砕いたサフランを加え、約20分煮込む。

06 いさきとほうぼうの身は一口大に切り、オマールえびとともにバットに並べて塩・コショウをふり、残りのオリーブオイルでマリネする。

07 強火にかけたフライパンで魚の皮目を焼く。続いて、金たわしで洗い、足糸を抜いたムール貝とオマールえびを加えて焼く。

08 いさきとほうぼうの皮目が焼けたら弱火にし、05のスープをこしながら加える。魚に火が通ったら器に盛り、ういきょうの葉を添える。

09 ルイユを作る。ルイユの材料と塩・コショウをミキサーに入れ、撹拌する。

10 バゲットににんにくをこすりつけ、オリーブオイルを塗ってトーストする。器にガーリックトーストとルイユを添える。

オマールえびの下処理

1 たわしでこすりながら流水でよく洗う。ポ特に腹側や足の付け根を念入りに洗う。

2 頭部の中心に包丁を刺し、そのまま頭を梨割りにする。

3 えびの向きを変え、尾に包丁を刺し、今度は背中側を2つに割る。

4 中にある砂袋（胃）を取り除く。

5 背わたを取り除く。ポオマールえびは力が強いので、半分に割ってからゴムバンドを外す。

スープのHOTコラム②

フランス・マルセイユの誇り「ブイヤベース憲章」

ブイヤベースにムール貝は御法度！？　真のブイヤベースとは？

掟・1

使う魚は地中海限定

カサゴやシロカサゴ、西洋アナゴ、ホウボウなど地中海の岩礁にすむ魚を最低4種類以上使用する。任意でマトウダイや伊勢海老、アンコウ、セミエビを使うこともできる

掟・2

だし汁用の魚も限定

スープに使われるだし汁は小魚由来のものと決まっていて、その種類も決められている

掟・3

短い時間で仕上げる

名前の語源は煮込む(bouill)＋火を消す(abaisse)。よって素早く仕上げることが重要

掟・4

客の前で取り分ける

レストランでは、前菜としてブイヤベースのスープを提供し、メインとして魚を客の目で取り分けるというのが決まり

地元民のプライドをかけて決められた掟とは？

ブイヤベースというと、魚介類をじっくり煮込んで作る、ちょっと高級なスープというイメージですが、実は本場のレシピはそれとはまったく違うものです。

もともとブイヤベースは、南フランスのマルセイユ地方の漁師が、売れ残りの小魚を大鍋で煮込んだ家庭料理がルーツです。しかし、いつしか本場のレシピとは違うものがあまりに有名になってしまったため、地元のシェフたちにより、伝統的なレシピを守ろうという決まりができました。これがブイヤベース憲章といわれるものです。ブイヤベース憲章には、入れる魚やだしに使う魚の種類、食べ方など、細かな規定があります。

本書では、日本で手に入る魚介類を使ったレシピを紹介しています。しかし、一度は本場のブイヤベースを味わってみたいものです。

ウクライナ風ボルシチ

Borscht

ボルシチ2種

ストーブでコトコト煮込むスープは
甘酸っぱいビーツが味のポイント

ロシア風ボルシチ

ロシア風ボルシチ

材料（2人分）

牛肉（肩肉またはバラ肉など）…300g
玉ねぎ…3/4個（150g）
Ⓐ にんじん…2/3本（100g）
Ⓐ じゃがいも…1個（150g）
Ⓐ ビーツ（なければ水煮缶）…1個（180g）
キャベツ…2枚（120g）
トマト…1個（150g）
チキンブイヨン…1ℓ
にんにく…1/2片（5g）
タイム、ローリエ、粗塩、コショウ、サラダ油…各適量

飾り

サワークリーム…大さじ4
パセリ…少々

※ビーツの水煮を使う場合は、08のトマトとともに加える。

Point

スープと具材は別の鍋で調理する

所要時間 3時間20分

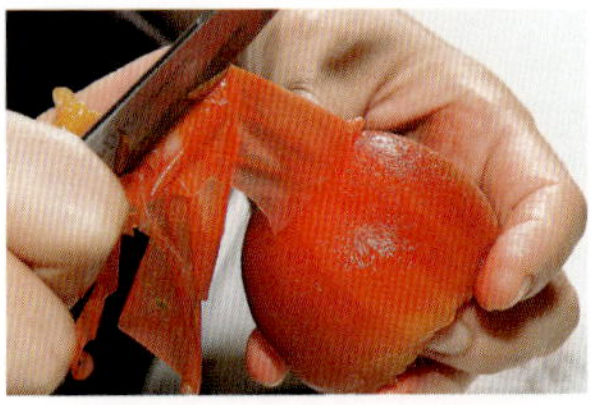

01 トマトを湯むきする。ヘタをあらかじめ取り、沸騰した湯で数秒ゆでる。冷水に上げ、皮が破れた部分から包丁でむき取る。

02 パセリは葉を指でつまんで取り、細かくみじん切りにする。(ポ)刻む前に、乾いたふきんにはさんで上から押さえて水分を取る。

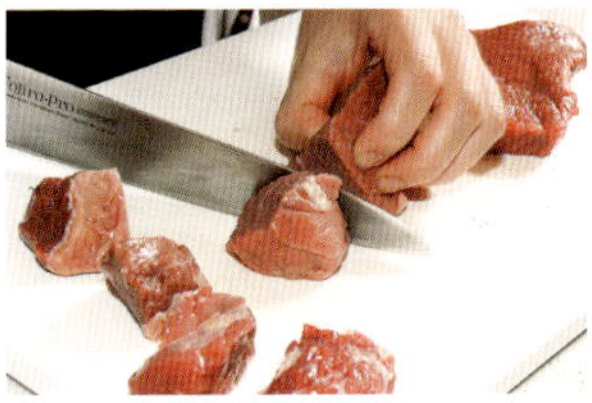

03 牛肉は余分な脂、筋を取り、4cm角に切る。(準)にんにくは芽を取りまな板の下でつぶす。

04 キャベツは芯を取って5cm角に、玉ねぎ、トマト、Ⓐは大きめのくし型に切る。Ⓐの野菜は面取りをする。

05 鍋にチキンブイヨン、牛肉、切り込みを入れたローリエとタイム、粗塩、コショウを入れて強火にかけ、沸騰したら弱火で2時間煮る。

06 鍋にサラダ油とにんにくを入れて火にかけ、香りが出たらにんじん、玉ねぎをじっくり炒め、キャベツ、じゃがいもを加えて軽く炒める。

07 05にビーツを加え、さらに1時間煮る。柔らかくなったら牛肉とビーツを06にうつし、煮汁をシノワかざるでこしながら入れる。

08 トマトを入れ、材料が柔らかくなったら器に盛る。サワークリームを添え、パセリを散らす。

Point

野菜の煮くずれを防ぐためには？

煮ている間に野菜同士がぶつかって煮くずれするので、面取りをきちんとしましょう。皮をむくときに、縦方向に厚めにむいておくと安心です。

ビーツは色素がつくので、最後に扱う

ウクライナ風ボルシチ

材料（2人分）

ハム…2枚（40g）
ソーセージ…4本（60g）
玉ねぎ…1/3個（60g）
にんじん…1/5本（30g）
セロリ…1/6本（15g）
じゃがいも…1/3個（50g）
ビーツ（なければ水煮缶）…3/5個（100g）
キャベツ…2/3枚（40g）
トマト…1個（150g）
チキンブイヨン…4カップ（800cc）
にんにく…1/2片（5g）
赤ワインヴィネガー…大さじ1
バター…15g
塩・コショウ…各適量

飾り

サワークリーム…大さじ4
パセリ…少々

Point

野菜は大きさをそろえて切る

所要時間
45分

01 ビーツはチーズグレーターで粗くおろす。または包丁を使って5mmの厚さの棒状に切る。

02 トマトは湯むきをしてから縦半分に切って種を取り、5mm角の棒状に切る。ポ盛りつけを考え、01と大きさをそろえる。

03 にんじん、セロリは筋や皮を取って01と同様に粗くおろす。じゃがいも、キャベツ、ハム、玉ねぎは02と同様に切る。

04 バターを入れた鍋に、まな板で押しつぶしたにんにくを熱する。香りが出たら弱火で玉ねぎ、セロリ、にんじん、ビーツを炒める。

05 ハム、じゃがいも、キャベツを入れ、具材を混ぜ合わせながら火を通す。全体がしんなりしてきたら、赤ワインヴィネガーを加える。

06 チキンブイヨンと塩・コショウを加え、中火で30分煮込む。ポアクが出てきたらすぐには取らず、しばらく置いてから取る。

07 たまったアクをレードルなどで隅に寄せ、一気にすくう。ポ煮汁にはだしが出ているので、アクだけを吹き落とし、煮汁は鍋に戻す。

08 トマト、ソーセージを加え、軽く火が通ったら器に盛る。コショウをふり、細かく刻んだパセリを飾り、サワークリームを添える。

Mistake!

火を通し過ぎて形がくずれてしまった

野菜の形がなくなるまで炒めると、食感がなくなったり、見た目が悪くなったりしてしまうので注意。また、炒めるときは短時間で行いましょう。

へらで強く混ぜすぎないようにする

スープのHOTコラム③

煮込んで作るスープを上手に仕上げるコツ

煮くずれせず、味がしっかり染みこんだ煮込みスープを作るには？

Check 1

野菜を面取りする

すべての煮込み料理の基本

輪切りや角切りにした野菜の角を、薄く切る方法。煮くずれを防ぎ、きれいな仕上がりになる。面取りした部分は、細かく刻んでソースの材料に使うと無駄がない

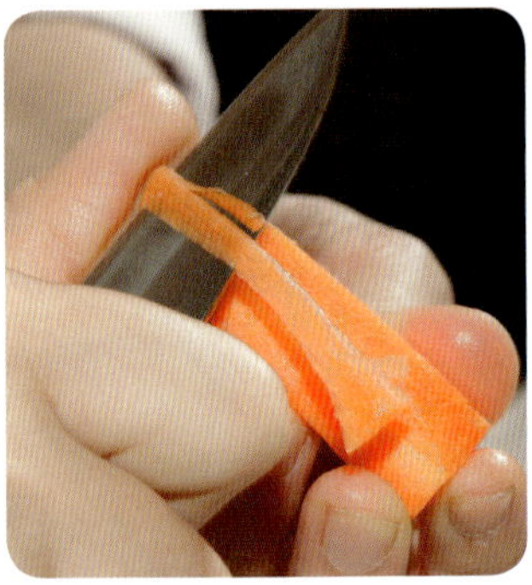

フランス料理の「シャトーむき」と同じ。角の周辺を思い切って切る

Check 2

二重ぶたで蒸発を防ぐ

できあがりの量が減らずにすむ

スープやシチューを長時間煮込むと、かなり水分が蒸発するので、落としぶたをして、さらに鍋ぶたをすることで、水分の蒸発を防ぐことができる

クッキングシートを鍋の形に切って落としぶたとして使う

Check 3

野菜が煮えたら火を止める

野菜がクタクタにならない

野菜に火が通っているのに火にかけていると、野菜が柔らかくなりすぎて食感がなくなる。野菜が煮えたら火を止め、あとは余熱で火を通すと煮込み過ぎにならない

シチューに入れる野菜は一度炒めると煮くずれしにくくなる

下ごしらえは省略せず火加減に注意を

失敗しがちな煮込みスープのポイントをいくつか紹介しましょう。まず使う鍋は、鋳物ホーローやステンレス、陶製などなるべく厚手のものがおすすめです。野菜は面取りし、多すぎる肉の脂身はにごりの元なので取り除きます。魚は、塩をふって少し置き、表面から出てきた臭みのある汁を拭いてから調理すると、生臭さが出ません。煮込むとき強火はNG。表面がポコポコと数か所沸いている弱火の状態がベスト。じっくり煮込むことで、旨みが染みわたるのです。

これがあると便利

圧力鍋は大幅に時間短縮できるが、肉の繊維がぱさつくので筋や内臓などに。低圧力鍋は圧力鍋より時間はかかるが、普通の鍋の2/3の時間で調理でき、ふっくら火が通る。

Corn Potage

コーンポタージュ

つぶつぶコーンの食感と
クリーミーな味がたまらない

コーンポタージュ

材料（2人分）

粒コーン（缶詰）…2·1/4カップ（250g）
玉ねぎ…2/5個（75g）
長ねぎ(白い部分)…1/5本(20g)
チキンブイヨン（粉末）…小さじ2/3
牛乳…2カップ（400cc）
生クリーム…大さじ2（30cc）
バター…10g
塩・コショウ…各適量

飾り

生クリーム…小さじ2
パセリ…少々

01 玉ねぎ、長ねぎを2～3mm幅の薄切りにする。パセリは茎を取り、乾いたふきんにはさんで上から押しつぶし、みじん切りにする。

02 強火にかけた鍋にバターを熱し、玉ねぎ、長ねぎ、塩を入れて炒める。ポバターが少ないと、すぐに焦げてしまうので注意する。

03 玉ねぎ、長ねぎがしんなりしてきたら、粒コーンを加えて軽く炒める。

04 牛乳、チキンブイヨンの粉末、塩・コショウを入れてざっくり混ぜながら、約10分煮込む。

05 氷水を入れた大きめのボウルで鍋ごと冷やし、スープの粗熱を取る。ポ熱いままミキサーに入れると壊れる可能性がある。

06 粗熱が取れたら、浮き実用のコーンを大さじ2杯分取っておく。

07 05をミキサーに入れてふたをし、コーンや野菜の形がなくなるまで撹拌する。ざるにうつし、潰すようにしてこす。

08 07を鍋にうつし、弱火で温め、生クリームを加えて混ぜる。器に盛り、06の浮き実とパセリを飾り、飾り用の生クリームを浮かべる。

Mistake!

ざるにスープが残ってしまった

ざるに残ったスープは、ゴムべらを使ってきれいにこします。目の細かいシノワなどを使うと、スープの濃度がなくなるのでざるを使いましょう。

この状態はまだまだこせます

Point

火を通したスープはしっかりと粗熱を取る

所要時間 20分

材料（2人分）

コーンポタージュ…2·1/2カップ（500cc）
鶏ささみ…2本（100g）
小玉ねぎ…4個（160g）
姫にんじん…2本（40g）
ヤングコーン…2本（15g）
じゃがいも…小1個（80g）
芽キャベツ…2個（15g）
バター…10g
塩・コショウ… 各適量

Point
鶏ささみはスープの余熱で火を通す

所要時間 30分

Corn potage Arrange

コーンポタージュ風シチュー

コーンの風味を生かした食べごたえのあるシチュー

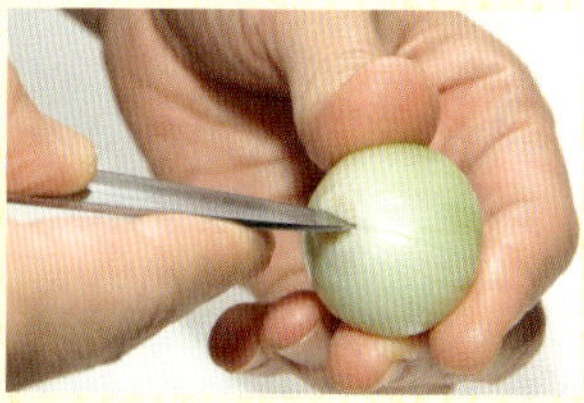

01 小玉ねぎは皮をむき、芯の部分に十字の切り込みを入れる。ポこうすると、味を含みやすくなる。

02 姫にんじんは包丁のみねでこすって皮をそぎ落とし、縦半分に切る。鍋にバターを熱し、中火で小玉ねぎ、姫にんじんを炒める。

03 芽キャベツ、縦半分に切ったヤングコーン、1cm角の棒状に切ったじゃがいもを加えて、全体がうっすら色づくまで火を通す。

04 コーンポタージュと水適量（分量外）を入れる。ふたをし、野菜に竹串が通るまで、弱火で15分煮る。

05 鶏ささみは筋を取り、1cm角の棒状に切り、火が通りやすいよう、表面に軽く切り込みを入れ、塩・コショウをして04の鍋に加える。

06 鶏ささみは弱火で火を通し、塩・コショウで味を調える。盛りつける前に芽キャベツを2等分に切る。

スープのHOTコラム④

即席コーンスープをアレンジしてもっとおいしく!

お湯を注ぐだけじゃない！　即席スープの簡単な活用術を紹介します

Arrange 1
具材をプラスする

ベーコンと玉ねぎを炒めて…

細切りにしたベーコンと、5㎜幅に薄切りした玉ねぎをバターで炒める。器に即席スープとともに入れお湯を注ぎ、よく混ぜる

パスタや野菜を加えて…

ペンネやファルファッレなどのショートパスタをゆでてスープに加える。レンジで作った温野菜またはブイヨンで煮た野菜を加える

卵を入れて…

鍋に粉末のスープと指定の量のお湯を入れて弱火で煮溶かし、溶き卵をフォークにつたわせて加える。30秒ほどしたら軽くかき混ぜる

Arrange 2
別の料理に活用する

マッシュポテトグラタンに…

耐熱容器にマッシュポテトを敷き、指定の半量のお湯で溶かした粉末スープをかけ、チーズとハムをのせて200℃のオーブンでこんがり焼く。

チャーハンに…

フライパンにサラダ油を熱し、冷えたごはんを炒めたら5㎜角に切った長ねぎ、ベーコン、レタスを加えさらに炒め、粉末スープをかけて混ぜる。水を少々入れてスープを溶かす。

アレンジを加えて何通りものおいしさを発見

インスタントスープの代表格といえば、粉末タイプのコーンスープがまっさきに浮かぶ人も多いでしょう。いつもはお湯を注ぐだけのインスタントのコーンスープは、具材を1～2種類プラスするだけで、本格的な味わいになります。例えば、野菜やベーコンなどをバターで炒めて、スープに加えれば、バターの香ばしさが生きた風味のよいコーンスープに。ほかにもショートパスタや温野菜、大きめに切ったクルトンなど、好みの具を加えれば、オリジナルのコーンスープに変身します。

また、インスタントのコーンスープを別の料理に活用することもできます。指定の量よりも少なめのお湯で溶き、ごはんやマカロニにかければ、ホワイトソース代わりとしても使えます。また、ごはんと一緒に炒めれば、チャーハンの素としても重宝します。

Onion Gratin Soup

オニオングラタンスープ

本場・フランスでは、玉ねぎを根気よく炒め、
甘みと旨みを引き立たせます

オニオングラタンスープ

材料（2人分）

玉ねぎ…2個（400g）
チキンブイヨン…2·1/4カップ（450cc）
にんにく…1/3片（3g）
塩・コショウ、サラダ油…各適量

ガーリックトーストの材料

バゲット…4枚（8mm厚さ）
にんにく、サラダ油…各適量

飾り

グリュイエールチーズ…35g

01 ガーリックトーストを作る。魚焼き器またはトースターで、バゲットに軽く焼き色をつける。

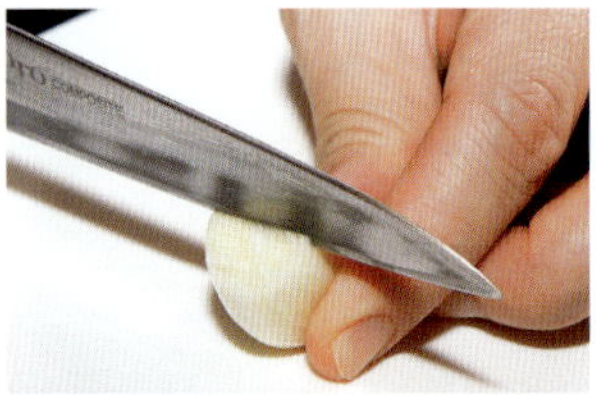

02 ガーリックトーストの材料のにんにくを少し切って断面を出し、切り込みを入れる。(ポ)パンに塗ったときに香りがよく出る。

03 01のトーストの両面ににんにくをすりこむ。(ポ)にんにくの汁気がなくなったら、もう一度少し切り、断面に切り込みを入れて使う。

04 グリュイエールチーズを細かくすりおろす。

05 玉ねぎを薄切りにする。(ポ)繊維と平行に薄切りすると、煮込んだときに形が残る。

06 包丁を寝かせ、にんにくをつぶす。粗みじん切りにしたら、もう一度包丁の腹でつぶし、さらに細かいみじん切りにする。

07 フライパンにサラダ油を熱し、玉ねぎと塩を入れ、強火で炒める。しんなりしてきたら、06を加える。(ポ)鍋底の玉ねぎに焼き色がついてきたら、水（分量外）を加え、焦げをこそげ取るようにして、全体を混ぜ合わせる。

Point

玉ねぎがアメ色になるまで炒める

所要時間 60分

Mistake!

きれいなアメ色になりません

玉ねぎを炒める際、すぐに混ぜてしまうと色がうまくつきません。玉ねぎをフライパンに押しつけながらしっかり焼き色をつけましょう。玉ねぎを香ばしく炒めることは、色を出すためだけではなく、コクと甘みを出すためにも重要です。

よく色がつかないとおいしく見えない

入れる水が多いと、アメ色も薄くなる

ガーリックトーストが沈んでしまった

スープの量が多いのが原因です。チキンブイヨンの分量を守り、玉ねぎの頭が少し出るくらいまで、しっかり煮詰めることがポイントです。

煮込みが足りないとビショビショに

08 水分が蒸発し、玉ねぎが再度色づいてきたら、中火にして水（分量外）を加える。フライパンの底についた旨みをこそげ取って、全体を混ぜる。これを写真のようなアメ色になるまで火加減に注意し、数回繰り返す。ここまでで約15分かかる。

09 08にチキンブイヨンを入れ、フライパンの周りについた旨みをへらで落として混ぜる。塩・コショウを加え、薄味に調える。

10 約10分煮込む。アクが出てきたら、煮汁を取らないよう、ボウルにアクだけを吹き落とす。

11 写真のようにやや汁けが残っている状態まで煮詰める

12 耐熱容器に11のスープを注ぎ、ガーリックトーストをのせる。

13 04のグリュイエールチーズをたっぷりのせる。

14 250℃のオーブンに入れ、約10分焼く。表面にこんがり焼き色がついたら取り出す。

スープのHOTコラム⑤

欧米のスープを分類してみましょう

西洋料理の本家、フランスではスープを３種類に分けています

主に3種類に分類される

potage clair
ポタージュ・クレール

ブイヨンベースの澄んだスープ

ブイヨンに肉や魚、野菜で旨みやコク、香りをつけたコンソメが代表。卵白でアクや脂を取るので、透き通ったスープに仕上がる。煮こごりのようにゼラチン分を冷やし固めてジュレにすることもある

主なスープは

⬇

コンソメ
冷たいコンソメ
コンソメジュレ

potage lié
ポタージュ・リエ

ブイヨンベースのとろみのあるスープ

ブイヨンに、薄力粉のルウや野菜をつなぎに加えてとろみをつけたスープ。ルウでとろみをつけるものには、生クリームで仕上げるものや、卵黄と生クリームを加えて仕上げるものがある

主なスープは

⬇

ポタージュ
クリームシチュー
ビスク
チャウダー

potage special
ポタージュ・スペシャル

野菜や肉が入った具だくさんスープ

肉や魚、野菜などの具をそのまま煮込んで食べるスープ。だしはブイヨンに頼らず、具から出る旨みを味わう。ミネストローネのように具を細かく刻んだものと、ポトフのように大ぶりのものがある

主なスープは

⬇

ポトフ
ブイヤベース
オニオングラタンスープ
ガスパチョ
ボルシチ

ポタージュとは本来スープすべてを指す言葉

「ブイヨンとコンソメは同じもの」「ポタージュはとろみのあるスープ」……日本で行きわたっている考えですが、正確にいうと、フランス料理では間違いです。

ブイヨンとはスープのだしのことを指しますが、コンソメはそのブイヨンを元にして作るスープの一種です。ポタージュは、もともと鍋のフランス語から生まれた言葉でスープ全体を指すもの。前述のコンソメスープも、ポトフも、すべてポタージュの一種です。

フランス料理では、このポタージュを3つに分類します。①ブイヨンベースの澄んだスープ、②ブイヨンと柔らかく煮た野菜類を裏ごししたものと、ブイヨンを生クリームや牛乳などで溶きのばしたもの、③これらのどれにもあてはまらないものをポタージュ・スペシャル、と呼んで区別しているのです。

Oxtongue Stew

牛タンシチュー

**牛タンがホロッととろけるほど
柔らかくなるまで煮込みます**

牛タンシチュー

材料（2人分）

牛タン（皮付き）…500g
玉ねぎ…1/2個（100g）
にんじん…小2/3本（60g）
セロリ…1/3本（30g）
ビーフブイヨン…3カップ（600cc）
赤ワイン…90cc
デミグラスソース…3/4カップ（180g）
にんにく…1/2片（5g）
タイム…1/2枝
ローリエ…1枚
バター…15g
塩・コショウ、サラダ油…各適量

飾り

にんじん…小1/3本（30g）
かぶ…1/2個（50g）
芽キャベツ…2個（15g）
生クリーム…大さじ1

01 飾り用のにんじんは、縦4つ割りにして面取りをする。

02 飾り用のかぶは縦4つ割りにして皮をむく。水につけ、竹串で茎の間に入った汚れを取り除く。芽キャベツは縦半分に切る。

03 玉ねぎ、にんじん、セロリを1cm角に切る。にんにくは芯を取り、まな板でつぶす。01の面取りしたむきくずも一緒にしておく。

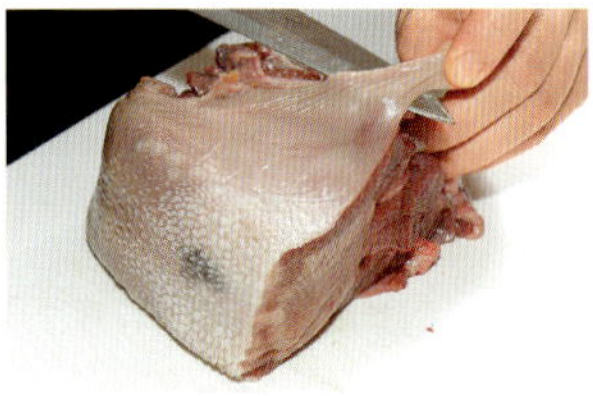

04 牛タンは水をはった大きめの鍋でよく洗い、水気を取ったら皮を取り除く。(ポ)皮を包丁でそぎながら、肉をつけないように切る。

05 04の牛タンは、残った皮や筋をきれいに取り除き、塩・コショウをふる。(ポ)全体に行きわたるよう、手でしっかりともみこむ。

06 フライパンにバターとサラダ油を熱し、強火で05を焼く。表面に焼き色がついたらひっくり返し、6面すべてが色づいたら取り出す。

07 牛タンを取り出した06のフライパンで03を炒める。木べらで混ぜながら、途中で水（分量外）をさし、茶色く色づくまで火を通す。

08 赤ワインを加える。全体になじむように混ぜたら、鍋に具材をすべてうつす。

09 08の鍋に牛タン、デミグラスソース、ビーフブイヨンを入れ、強火にかける。手で切り込みを入れたローリエ、タイムを加える。

10 沸騰したらアクを取る。(ポ)煮汁にだしが出ているので、アクだけをボウルに吹き落とし、煮汁は鍋に戻す。

Point

牛タンの皮を残らずはがす

所要時間 6時間

牛タンをゆでてから皮をむく場合

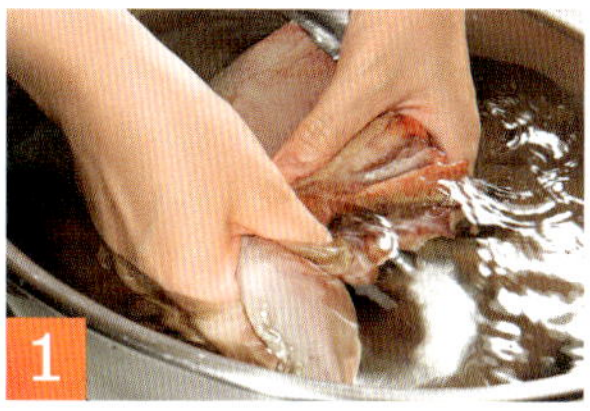

1 牛タンを洗う。汚れなどがついているので、大きめの鍋に入れ、手でもむようにしっかりと洗う。

2 たっぷりの水を入れた大きめの鍋でゆでる。強火で1時間半（圧力鍋の場合は15分）火を通す。

3 舌の表側の中央部分に、1本線を引くように、皮だけに切りこみを入れる。

4 切りこみ部分から皮をむく。利き手と逆の手で牛舌をしっかり固定し、すべての皮をはがす。

※牛タンは生だと皮がむきにくい場合があるので、ゆでてから皮をむくこともあります。その場合、11の工程ではオーブンで3時間火を通します

11 鍋の大きさに合わせた紙の落としぶたをかぶせ、鍋ぶたをして、160℃のオーブンで4時間半火を通す。ポ煮汁が減ったら水を加える。

12 付け合わせを作る。01のにんじんは6分、02の芽キャベツとかぶは約3分塩ゆでする。盆ざるに上げ、冷ます。

13 11の牛タンにすっと竹串が通るまで柔らかくなったら、鍋から取り出す。

14 牛タンの表面が乾かないように11で使った紙の落としぶたをかぶせておく。

15 13の鍋の表面に浮いた油を取り、シノワまたはざるで煮汁をこす。煮汁が出なくなるまでへらで押し出す。

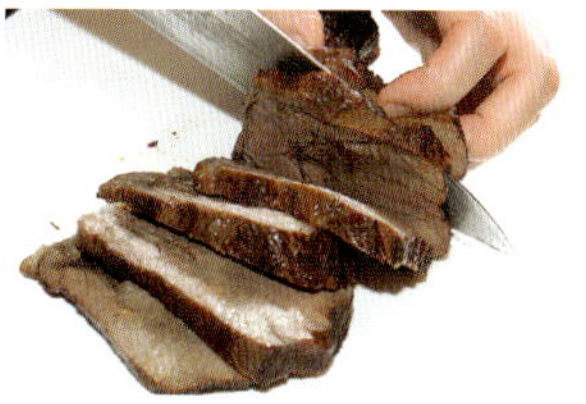

16 牛タンを約8㎜の厚さに切る。ポ包丁を真上から入れ、ゆっくりと前後に動かすときれいに切れる。

17 15でこした煮汁に牛タンを戻し、余熱で軽く温めなおす。

18 器に牛タンを並べ、煮汁を注ぐ。温めた12をバランスよく盛りつけ、生クリームをかける。

Point
切り分けた牛タンは一度ソースで温める

煮込んだ牛タンは、一度煮汁の余熱で温め、ソースの味をからめましょう。こうすることで、牛タンにもしっかり味がつき、おいしく食べられます。

さっと煮汁と合わせればOK

スープのHOTコラム⑥

付け合わせをプラスしてスープを華やかに

スープにひとアイテムプラスすれば、おいしく、見た目も楽しい

ワンタンの皮

ひし形や棒状に切って、油でこんがり揚げる

食パン

食パンの白い部分だけをハートに切り取り、オーブンでこんがり焼く

ポーチドエッグ

90℃に沸騰したお湯に酢を加え、卵をそっと流し入れる。白身をフォークでかき集めながら、中心にかぶせ、卵黄が半熟になったら玉じゃくしですくい、冷水をはったボウルで冷やす

春雨

春雨を、170℃の油で約20秒揚げる。大きくふくらむので入れ過ぎないように

小玉ねぎのグラッセ

鍋にバターとグラニュー糖を入れて火にかけ、茶色くなったら芯に十字の切り込みを入れた小玉ねぎをソテーする。塩・コショウを加えひたひたになるまで水を入れて、柔らかくなるまで煮て煮汁をからめる

きのこのソテー

鍋にバターを熱し、きのこから香りが出るまでソテーする

添えるだけでスープのおいしさがグンと広がる

付け合わせは、メインの料理に添えておいしさを引き立てるためのもの。例えば、にんじんや玉ねぎを甘く煮たグラッセや、バゲットなどのパンを焼いて添えるのも付け合わせになります。付け合わせを作るときは、メインとの相性や彩り、季節感などを考えることが大切です。

付け合わせには口直しといった意味もあるので、メインとは違う口当たりのものを添えるのが一般的です。濃い味つけのものには、甘みや酸みのあるものが、さっぱりとした味つけなら、逆にボリュームのある付け合わせが合うといわれています。

細かい約束事はありますが、基本的なきまりは守りつつ、自分でメインと付け合わせの相性を考えるのも楽しいもの。ちょっとしたアイデアで、食卓が華やかになること間違いないでしょう。

Minestrone

ミネストローネ

具だくさんスープは
イタリアのマンマの味

ミネストローネ

材料（2人分）

ベーコン（スライス）…1·1/2枚（30g）
玉ねぎ…1/3個（60g）
にんじん…1/5本（30g）
セロリ…10g
ズッキーニ…1/5本（30g）
キャベツ…1/2枚（30g）
トマト…1個（150g）
じゃがいも…2/5個（60g）
さやいんげん…大3本（30g）
ひよこ豆（乾燥）…15g
チキンブイヨン…3カップ（600cc）
にんにく…1/4片（2.5g）
バジル…1/2枝
オリーブオイル…大さじ2
粗塩、塩・コショウ…各適量

飾り

パルメザンチーズ…大さじ1
バジルの葉…2枚

01 準ひよこ豆をたっぷりの水に一晩浸して戻す。ポ時間がない場合は、水煮缶を使ってもよい。

02 01のひよこ豆を戻し汁ごと鍋に入れ、約40分（圧力鍋の場合は4分）煮る。

03 バジルは葉と茎とに分け、葉の部分を細くせん切りにする。

04 トマトは熱湯に入れて湯むきをし、冷水で冷やす。皮をむいて種を取り、1cm角に切る。

05 ベーコン、玉ねぎ、にんじん、セロリ、ズッキーニ、キャベツ、じゃがいもは1cm角の色紙切り、いんげんは1cm幅に切る。

06 鍋にオリーブオイルとみじん切りのにんにくを入れ、香りが出たら05の具材を硬いものから炒める。しんなりしてきたら塩を加える。

07 じゃがいもが透き通ってきたらチキンブイヨン、トマト、粗塩、コショウを入れて約15分煮込む。

08 02のひよこ豆を入れ、さらに煮込む。水分が少なくなったら戻し汁で調節する。器に盛り、バジルの葉、パルメザンチーズを飾る。

Point

野菜は旨みが出るまで炒める

野菜をきちんと炒めることで、スープに旨みが出ます。玉ねぎやにんじん、セロリなど香味野菜を先に入れて、しっかり炒めるのが大切です。

野菜が鮮やかに色づくまで炒める

Point

ひよこ豆の戻し汁ごとゆでる

所要時間
60分
※ひよこ豆の下処理除く

材料（2人分）

ミネストローネ…右記より300cc
じゃがいも…1個（150g）
バター…5g
パルメザンチーズ…大さじ2
塩・コショウ… 各適量

飾り

イタリアンパセリ…1枝

Point

盛りつけるときは
くずさないようにする

所要時間
20分

Minestrone Arrange

焼きミネストローネ

オーブンで焼くことで野菜の旨みが増す！

01 ミネストローネをざるでこして、具とスープに分ける。具材にパルメザンチーズを混ぜ、スープは鍋で温めておく。

02 じゃがいもは一口大に切り、耐熱ボウルに移し電子レンジに約4分かける。柔らかくなったらバターと塩コショウを加えフォークで混ぜる。

03 天板にオーブンシートを敷き、スプーンで02を押しながら直径7cmのセルクルにつめる。

04 03の上から、01でこしたミネストローネの具材をのせる。

05 セルクルをゆっくり抜き、200℃のオーブンで約10分焼く。

06 焼き上がった05を器に移し、器の端からゆっくりとスープを流し入れる。イタリアンパセリを上に添える。

スープのHOTコラム⑦

スープに溶け出した旨みの秘密

素材から溶け出したさまざまな旨みがスープをおいしくする

旨みを形成するおもな3つの物質

グルタミン酸

昆布をはじめ、粉チーズ、のり、トマトなどに含まれるアミノ酸系の一種。市販の旨み調味料は、グルタミン酸が主原料。チーズやハムは熟成によってグルタミン酸が増える

昆布は

含有量No.1食材
100g中
2240mg

イノシン酸

かつおぶし、あじ、鶏肉、豚肉など、動物性の食材に多く含まれている核酸の一種。グルタミン酸との相乗効果で、味わいにいっそう深みが出る。和のだし汁はこの組み合わせ

かつおぶしは

含有量No.1食材
100g中
474mg

グアニル酸

乾物に含まれる旨み成分だが、グアニル酸は干ししいたけに多く含まれる。生しいたけも干すことによって生成される。低温の水で戻すことによってさらに多くなる

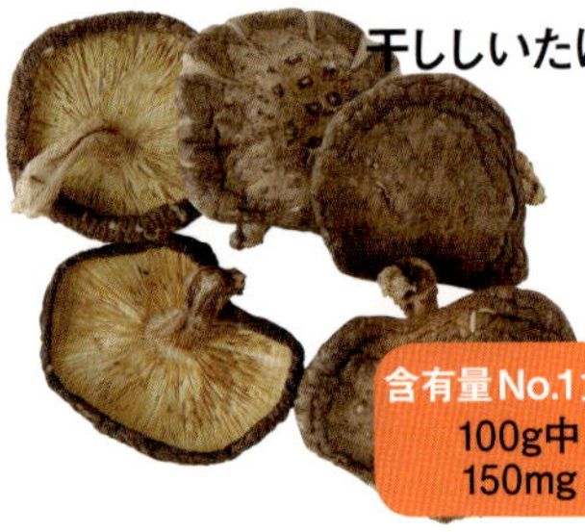

干ししいたけは

含有量No.1食材
100g中
150mg

市販の旨み調味料の成分は？

人工的に作られた簡易な調味料

市販の旨み調味料は、グルタミン酸やイノシン酸、グアニル酸などを精製したもの。1908年に科学者、池田菊苗氏が昆布からグルタミン酸を取り出すことに成功。やがてグルタミン酸を主成分とした調味料販売の特許を取得し、1909年に旨み調味料を日本で初めて販売する。現在、100か国以上の人々が使うほど、ポピュラーになった

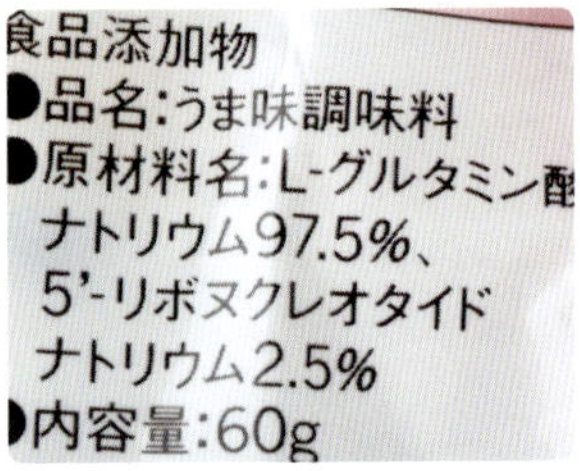
食品添加物
●品名：うま味調味料
●原材料名：L-グルタミン酸
ナトリウム97.5%、
5'-リボヌクレオタイド
ナトリウム2.5%
●内容量：60g

L-グルタミン酸ナトリウムとは、天然食材に含まれるグルタミン酸を精製して作られた成分名

組み合わせることで旨みが増える成分とは？

野菜や肉を水で煮込むだけの単純なスープが、なぜこんなにも深みのある味になるのでしょうか？

それは、素材から溶け出した旨みのおかげ。旨みを支えているのは、肉や魚に含まれるイノシン酸、海草や野菜、チーズなどに含まれるグルタミン酸という物質です。これらは素材を煮出すことで溶け出す性質があります。スープの旨みは、これらの成分がたっぷり含まれていることで生まれます。

さらに旨み成分は、単独よりも、質の違う物質を組み合わせることで相乗効果をもたらします。例えば、フォン・ド・ヴォは、グルタミン酸が含まれた玉ねぎとイノシン酸が含まれた子牛のすね肉の組み合わせなのです。日本のだし汁では、昆布とかつおぶしといったように、旨みの相乗効果は、世界中のさまざまな料理で活用されています。

Pot-au-feu

ポトフ２種

具はメインディッシュにもなる
フランス田舎料理の定番スープ

鶏肉とひよこ豆のポトフ

牛すね肉のポトフ

牛すね肉のポトフ

材料（2人分）

牛すね肉…400g
玉ねぎ…1/2個（100g）
にんじん…2/3本（100g）
セロリ…1/2本（50g）
じゃがいも…小1個（80g）
ポロねぎ…1/2本（縦に切る）（200g）
キャベツ…1/4個（350g）
かぶ…1個（100g）
ビーフブイヨン…1.2ℓ
タイム、ローリエ、粗塩、塩・コショウ、粒マスタード…各適量

Point

具材をしっかりとロース糸でしばる

所要時間 4時間

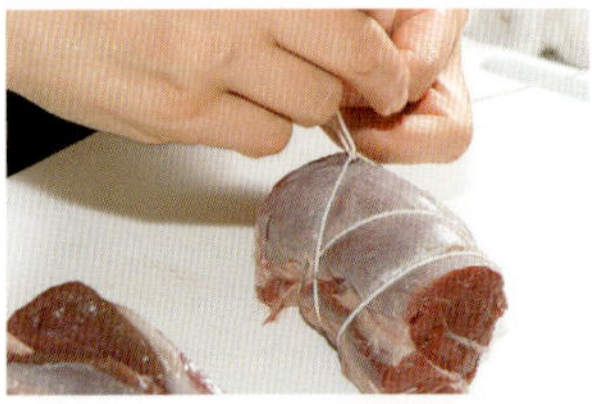

01 牛すね肉は余分な脂身の部分を取る。半分に切り、ロース糸を巻く。ポ外れないよう、しっかりときつく巻いてしばる

02 鍋にビーフブイヨンを入れ、01の肉と、ローリエとタイム、塩・コショウを入れる。アクを取りながら約3時間煮込む。

03 キャベツは2等分にし、ロース糸でしばる。ポ小さく切ると、煮たときにバラバラになってしまうので束ねておく。

04 ポロねぎの青過ぎる部分を切り落とし、1枚ずつ砂がついていないか確認しながら洗う。

05 重ねて半分に折り、ロース糸を全体に巻きつけてしばる。ポきつく巻かないと、煮ている途中でほどけてしまうので、注意する。

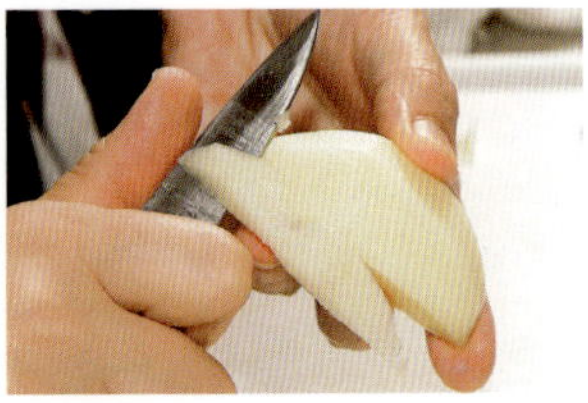

06 じゃがいもは皮をむき、くし型に6等分にする。煮くずれしないよう、面取りをする。

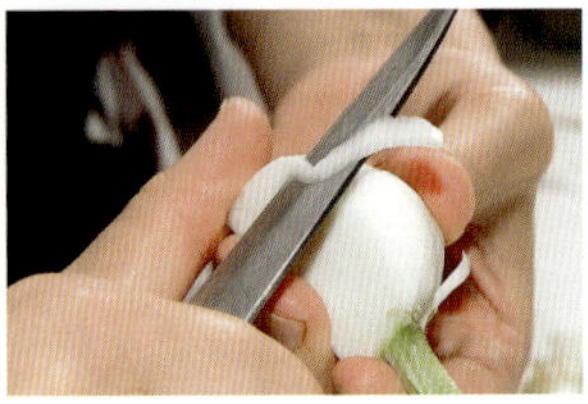

07 かぶはじゃがいもと同様、くし型に6等分にし、皮をむく。水を入れたボウルに入れ、竹串で茎の間の汚れを取る。

08 セロリは、表面の筋を包丁で削り取るようにむく。

09 02に、玉ねぎ、2等分したにんじん、03のキャベツ、05のポロねぎ、08のセロリを入れ柔らかくなるまで約30分煮る。

10 さらにじゃがいもを加えて10分、かぶを加え5分煮込み、塩・コショウで味を調える。柔らかくなった野菜から取り出す。

鶏肉とひよこ豆のポトフ

材料（2人分）

骨つき鶏もも肉…2本（300g）
玉ねぎ…1/2個（100g）
にんじん…2/3本（100g）
セロリ…1/2本（50g）
ヤングコーン…2本（14g）
ひよこ豆（水煮）…50g
白きくらげ（乾燥）…3g
チキンブイヨン…3カップ（600cc）
タイム、ローリエ、粗塩、コショウ…各適量

01 玉ねぎを6等分のくし切りに、にんじん、セロリ、ヤングコーンは1.5cm幅の斜め切りに、骨つき鶏もも肉は関節で2等分する。

02 白きくらげは、水に5分漬けて戻し、白く硬い部分を取り除く。

03 鍋にチキンブイヨン、01、手で切り込みを入れたローリエとタイムを入れ、粗塩、コショウで下味をつける。強火にかけ、約15分煮る。

04 アクが出てきたら取り除き、沸騰したら中火にする。ひよこ豆、白きくらげを入れる。

05 ふたはせずに、弱火で10分煮込む。材料が柔らかくなったら、取り出して器に盛る。

Point

具材に合わせて
煮込み時間を調節する

所要時間
45分

11 ポロねぎ、セロリは根元を落として7～8cmの長さに、キャベツは4cm角に、牛すね肉は1cmの厚さに、玉ねぎはくし切りにする。

12 器に大きめの野菜や肉から順に並べる。

13 煮汁を、シノワやざるでこしながら回しかける。粗塩、マスタードを添える。

Point

ロース糸をうまくほどく方法は？

煮込んだ後の野菜や肉は、ロース糸をほどいて切り分けます。上手にロース糸をほどくポイントは結び目の脇を切ること。ロース糸を残すことなく外せます。

ロース糸がついたまま切らないこと

スープのHOTコラム⑧

スープによく合うおすすめのパン

スープと合わせるパンは、どれでもいいというわけではありません

ボルシチには……

黒パン

ドイツと同様、ロシアも黒パンをよく食べる。ライ麦パン特有の酸っぱさと香ばしさは、ボルシチのやさしい酸味とよく合う

ポトフには……

フランスパン

大型のパリジャンや小型のシャンピニオンまで種類はさまざま。そのほか素朴な味のパン・ド・カンパーニュなども

ハッシュドポークシチューには……

カイザーゼンメル

ドイツの薄切り肉のシチューには、小麦で作られた、小型パンがおすすめ。濃厚な肉のシチューにはさっぱりとしたパンがマッチする

クラムチャウダーには……

サワー種のパン

サワードゥブレッドという、サワー種を使った丸いパンをくり抜いてクラムチャウダーを注いだ料理は、アメリカ西部の名物

同じ産地のスープとパンを一緒に楽しむのが正解

スープが、固くなったパンを食べるために生まれたことから考えても、スープとパンを一緒に食べることは、理にかなっているといえるでしょう。

スープに合わせるパンには、デニッシュやあんぱんなど、油脂分が多く甘いものは向きません。フランスパンのように油脂分が多くなく、甘くないシンプルなパンを選びましょう。

さらに、その土地で通常食べられているパンとスープを合わせるのも、スープをおいしく楽しむ秘訣です。例えば、フランスの食卓に欠かせないフランスパンは、フランス生まれのポトフやブイヤベースに合わせるのがおすすめです。

ドイツのスープには、ドイツでよく食べられているライ麦粉の割合が多いパンや、小型パンなどが合います。なかでもやや酸味のある黒パンがおすすめです。

Beef Stew

ビーフシチュー

前の日から具をマリネして
風味づけするのがポイント

ビーフシチュー

材料（2人分）

牛肩肉またはバラ肉…400g
ベーコン（ブロック）…50g
玉ねぎ…3/4個（150g）
セロリ…1/5本（20g）
ビーフブイヨン…2·1/2カップ（500cc）
赤ワイン…100cc
フォン・ド・ヴォ…1/2カップ（100cc）
ホールトマトの水煮（ざるごしする）…75g
にんにく…1/2片（5g）
タイム、ローリエ、サラダ油、バター、塩・コショウ…各適量

ルウの材料

バター…5g
薄力粉…15g

付け合わせの材料

にんじん…2/3本（100g）
じゃがいも…小1個（80g）
マッシュルーム…4個（28g）
小玉ねぎ（芯に十字の切り込みを入れる）…4個（160g）
砂糖…大さじ1
バター…10g
塩・コショウ…各適量

Point

仕上げにシチューに茶色いルーを加える

所要時間
3時間30分
※マリネの時間除く

具材のマリネ

1 にんじんは縦に6つ割りにして面取りをし、玉ねぎとセロリは1cm角に切る。

2 ボウルに5cm角に切った牛肉、1の面取りをした部分、玉ねぎとセロリの角切り、にんにくを入れる

3 つぎにベーコンを入れ、赤ワインを加える。

4 手で軽くもみこみ、手で切り込みを入れたローリエ、タイムを加える。

5 ぴったり落としラップをし、半日冷蔵庫に入れておく。

01 ざるに具材を出し、手で押して水分をこす。漬け汁の赤ワインは取っておく。(ポ)牛肉、ベーコンの肉汁は手で絞ってしっかり出す。

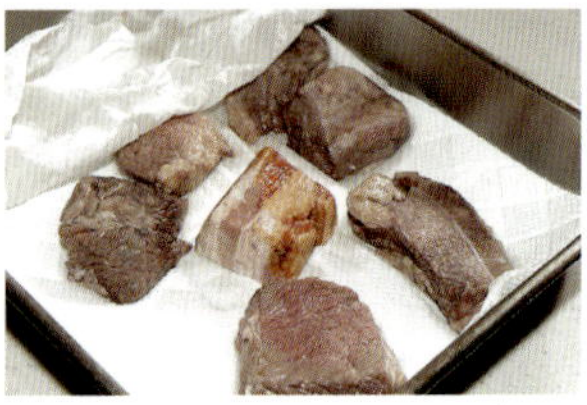

02 牛肉、ベーコンはクッキングペーパーを敷いたバットの上に広げ、さらにクッキングペーパーで上から押して水分をしっかり取る。

03 02に塩・コショウをまぶし、全体に行きわたるように、手でもみこみ、味を染み込ませる。

04 フライパンにサラダ油とバターを熱し、強火で牛肉に火を通す。トングで向きを変え、6面すべてに焼き色がつくまで焼く。

05 01をざるに入れたまましばらく置いておき、野菜と赤ワインを分ける。

06 鍋にサラダ油を熱し、05の野菜を入れ、軽くキツネ色になるまで、木べらでよく混ぜながら炒める。ポ途中で水（分量外）をさすとよい。

07 04のフライパンを傾け、牛肉の油を切って06の鍋に入れる。ポ油が牛肉に残っていると、油っぽくなってしまう。

08 05で分けた赤ワインを別の鍋にうつし、中火で一度煮立てる。表面にアクが出たら取り、液体に透明感が出るまで火を通す。

09 クッキングペーパーを敷いたシノワまたはざるに入れ、こしながら07の鍋に加える。

10 フォン・ド・ヴォ、トマトの水煮、ビーフブイヨンを加え、中火で熱する。切り込みを入れたローリエ、タイムを入れ2～3時間煮る。

11 茶色いルウを作る。弱火でバターを溶かしふるった薄力粉を入れ強火にし茶色くなるまで炒める。ポ薄力粉はふるってから分量を量る。

12 色が変わったら、冷水を入れた大き目のボウルに鍋ごと入れ、ゴムべらで混ぜながら冷ます。

13 10の表面の油を取りながら煮込み、竹串が通るまで柔らかくなったら牛肉、ベーコンを取り出す。牛肉は鍋に移し、ふたをしておく。

14 13の残った煮汁に、12を入れて混ぜる。ポ茶色いルウは少し固まっていても、味に変化はないので、そのまま入れてもよい。

15 煮汁をシノワやざるでこしながら、牛肉が入った13の鍋に加える。

16 付け合わせを作る。鍋に砂糖と5g分のバターを熱し、小玉ねぎを炒める。茶色くなったら水（分量外）を加え水分がなくなるまで炒める。

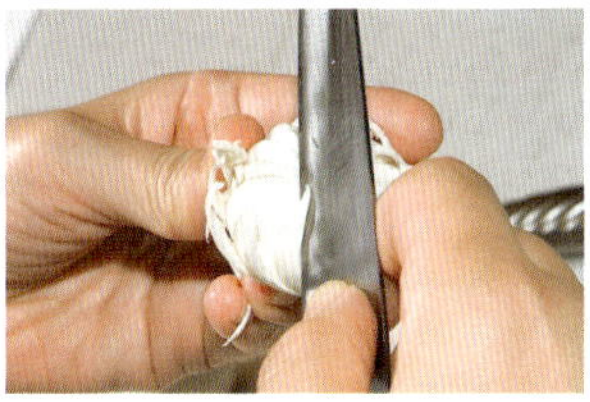

17 マッシュルームはペティナイフの根元で円を描くように表面に模様を入れる。じゃがいもとにんじんは縦6つに割り、面取りをする。

18 じゃがいもとにんじんを塩ゆでする。フライパンに残りのバターを熱し17とともにソテーして塩・コショウで味を調える。

19 13で分けたベーコンは半分に切り、サラダ油を熱した07のフライパンで表面にこんがり焼き色をつける。

20 クッキングペーパーを敷いたバットに並べ、油をよく切る。15のビーフシチューを温めて器に盛り、18の付け合わせと19を添える。

スープのHOTコラム⑨

肉の部位と料理での使い分け

特にすねや骨にはスープに必要な旨みがたっぷり含まれています

牛

もも 外ももより内もものほうが柔らかい

ばら 胸から腹にかけての部分。腹部のともばらと繊維質が多い肩ばらがある

ヒレ 背肉の内側の肉で、もっとも柔らかく、高級品

ロース 脂肪が多く柔らかい部分。なかでもサーロインはきめが細かく筋が少ないのでステーキやカツに

すね 運動量が多いため筋が多く固い

スープの具に合うのは

すねやももなどは長時間煮込むスープに。ヒレはさっぱりしたスープによく合う

豚

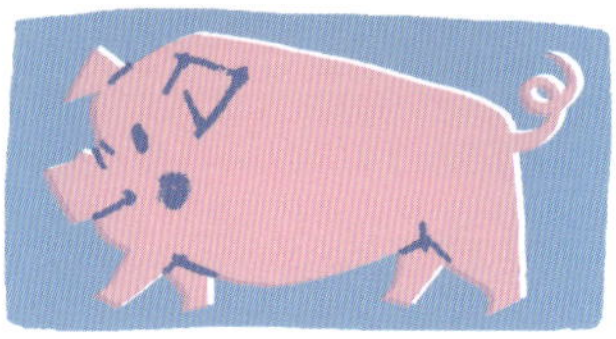

もも 赤身が多く、脂肪が少ないためソーセージやハムに適している

ばら 腹部の脂肪がたっぷりのった部分。角煮などの煮込み料理に

ヒレ きめ細かいが脂肪は少ないため、焼いたり揚げたりしてコクをプラスする

ロース 特有の甘みをもち、しゃぶしゃぶやステーキ、トンカツなどと、使用頻度が高い人気の部位

スープの具に合うのは

脂と赤身とのバランスがいい肩は煮込みスープに。ヒレはさっぱりとしたスープの具材に

鶏

もも ジューシーで旨みのある部分。フライや煮込み料理、ソテーなどに

手羽 骨や脂肪を多く含む手羽先はコラーゲンたっぷり。手羽元は唐揚げなどに

むね 皮を取り除くと淡泊であっさりした味。じわじわと火を通すのが◎

ささみ 脂肪はほとんどなくタンパク質が豊富。味の濃い素材と合わせるとよい

スープの具に合うのは

骨つき肉は、だしが出るのでじっくりと煮込んで。ももは脂を除けば旨みも出て具にもなる

タンパク質を多く含む肉でスープのおいしさが増す

タンパク質が豊富な肉類は、長時間煮込むことで天然のだし成分であるイノシン酸などの旨みが出るので、ブイヨンを作るのには欠かせない食材です。

特にすじの多い肉にはコラーゲンが豊富に含まれており、長時間加熱することで溶けてゼラチンになるので、スープやシチューなどの煮込み料理に適しています。すね骨や鶏がらなどの骨からも旨みやコクが出るので、ぜひ用意したい食材のひとつです。

栄養面でも肉類は優秀です。牛肉の赤身には良質なタンパク質と鉄分が豊富に含まれているので、貧血の人には積極的に食べてほしい食材です。豚肉には疲労回復の効果があるとされるビタミンB_1が含まれているのが特徴です。鶏肉には動脈硬化を予防する良質な脂肪と、グルタミン酸に代表される旨み成分が豊富に含まれています。

Vichyssoise

ヴィシソワーズ2種

フランス人がアメリカで作った
白くて冷たい、爽やかなスープ

ゼリーコンソメ＆ヴィシソワーズ

ヴィシソワーズ

ヴィシソワーズ

材料（2人分）

玉ねぎ…1/5個（40g）
長ねぎ(白い部分)…1/3本(30g)
じゃがいも…小1個（80g）
チキンブイヨン…1·1/4カップ（250cc）
生クリーム…大さじ2·2/3（40cc）
牛乳…100cc
バター…10g
シェリー酒…小さじ1/2
塩・コショウ…各適量

飾り

セルフィーユ…少々

01 玉ねぎは薄切りに、長ねぎは輪切りに、じゃがいもは皮をむき、3～4㎜幅に切る。

02 鍋にバターを熱し、玉ねぎ、長ねぎ、塩を入れ、しんなりしてきたらじゃがいもを加えて色がつかないようにさらに炒める。

03 02の鍋にチキンブイヨン、塩・コショウを入れ、じゃがいもに竹串が通るまで約15分煮る。

04 火を止めてから生クリーム、分量の半分の牛乳を加える。生クリームは仕上げ用に少し取っておく。

05 とろっとした状態になるまで、ミキサーにかける。ボウルにうつし、塩・コショウで味を調えたら、氷水を入れたボウルにあてる。

06 残り半分の牛乳を少しずつ入れ、濃度を調節する。そのまま約60分冷やす。

07 十分に冷えたら、シェリー酒を入れる。ポここで入れずに、食べる前に各自で加えてもよい。

08 一度味をみて、塩・コショウで味を調える。冷やした器に入れ、仕上げ用の生クリームを散らしセルフィーユを飾る。

Mistake!

スープが茶色くなってしまった

野菜類を炒めるときに、茶色く色づくまでしっかり炒めてはいけません。じゃがいもの表面が透き通ってきたら、すぐにチキンブイヨンを加えます。

涼しげな色のスープが台無しに！

Point

生クリーム、牛乳は一度に全部入れない

所要時間 30分
※冷やす時間は除く

ゼリーコンソメ＆ヴィシソワーズ

材料（2人分）

ヴィシソワーズ…右記より1·1/2カップ（300cc）
ルッコラ…4株（15g）
コンソメ…100cc
板ゼラチン…2g
粗塩…ひとつまみ

飾り

ディル…少々

※板ゼラチンは1g50ccの水で溶かすものを使用。指定の分量によりコンソメの量を増減する

01 板ゼラチンを、たっぷりの氷水に柔らかくなるまで漬ける。

02 沸騰した湯に粗塩を溶かし、ルッコラを柔らかくなるまで約30秒ゆでる。

03 氷水にさらして、水分を切る。色の悪い茎などを取り除き、一口大の大きさに切る。

04 ヴィシソワーズ、ルッコラを入れてミキサーにかける。なめらかになったら止める。冷蔵庫などに入れて冷やす。

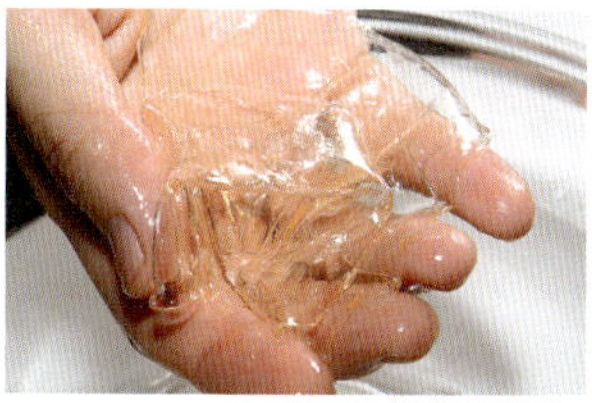

05 ゼリーコンソメを作る。01のゼラチンが柔らかくなったら手で水気を絞る。

06 鍋にコンソメを入れ、沸騰させる。火を止めてゼラチンを入れ、ゴムべらで溶かす。(ポ)火にかけてしまうと凝固効力がなくなる。

07 ボウルにうつし、氷水を入れた大きめのボウルをあてて、ゼリーコンソメを約60分冷やし固める。

08 ヴィシソワーズを冷えた器に盛り、07のゼリーコンソメをのせ、ディルを飾る。

Mistake!

ゼラチンが溶けてしまった

ゼラチンを柔らかく戻すときは、氷水を使います。夏場、温度の高い水道水などを使うと、柔らかくなる前に溶けてなくなってしまうので、注意しましょう。

板ゼラチンは溶けやすいので丁寧に扱う

Point

ゼリーコンソメをしっかり冷やす

所要時間
30分
※冷やす時間は除く

スープのHOTコラム⑩

スープの完成度を左右する食器選び

器選びやマナーを守ることは、料理をおいしく楽しむための第一歩

冷製スープの場合

ガスパチョやヴィシソワーズなどの冷製スープは、ガラス製の深皿がおすすめ

温製スープの場合

レストランでは深皿で提供されることが多い。家庭ではカップやカレー皿などでも代用可

特別な日には

ゲストを招くとき、ソーサーつきのスープ皿があればグンと本格的に

和の汁には

うるし塗りの木の椀が最適。手に持って食べるので、熱くならない素材のものを

具が豊富なら

シチュー類は多少深めの器がベスト。付け合わせなどを添えれば華やかに

スープをいただくときのマナーも覚えて

スープをスプーンですくうときは、手前から奥へが大前提。スープが少なくなったら皿を傾けながら残りをいただく。食べ終わったあとは、皿の右側にスプーンの柄がくるように真横に置く

●正式ないただき方

スプーンを傾けて、口に流し込むようにしていただく

●皿を傾けるとき

利き手とは逆の手で皿を奥に傾け、スプーンですくう

恥をかかないための器のマナーを学ぶ

スープの作り方も大事ですが、スープに合った器の選び方を知っておくのも大切です。例えばコンソメでも浮き実がない澄んだスープの場合は両手つきのカップを使います。野菜などの浮き実のあるコンソメや、クリームタイプのスープなどは口の広いスープ皿に盛ります。

大きい具がたくさん入ったスープには、多少深みのあるスープ皿がよいでしょう。冷製スープは、見た目も涼しげなガラス製の器に盛りつけます。

スープにまつわるテーブルマナーも覚えておきましょう。まず、スープを飲むときは、音を立てないことは基本中の基本。また、スープをすくうときはスプーンを皿に当てて音を立てないようにしましょう。持ち手がついていないスープ皿に直接口をつけて食べたりするのも禁止です。

クリームシチュー

Cream Stew

クリームシチュー２種

小麦粉を焦がさずに
白く仕上げましょう

ロールキャベツ風クリームシチュー

クリームシチュー

材料（2人分）

鶏もも肉…1枚（250g）
玉ねぎ…1/2個（100g）
にんじん…1/4本（40g）
じゃがいも…小1個（80g）
マッシュルーム…2個（15g）
ブロッコリー…1/5株（40g）
チキンブイヨンの粉末…小さじ1
ローリエ…1枚
粗塩、バター、サラダ油、塩・コショウ…各適量

ホワイトソースの材料

牛乳…2・1/2カップ（500cc）
薄力粉…大さじ2
バター…30g

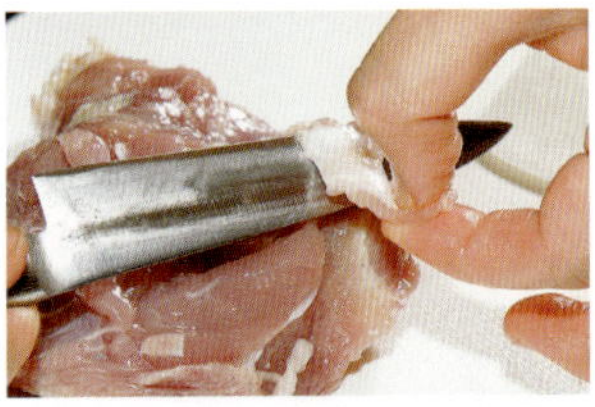

01 鶏もも肉は筋と余分な脂、軟骨を取り、一口大に切る。(ポ)火を通すと縮むので、4～5cm角と少し大きめに切るとよい。

02 玉ねぎ、にんじん、じゃがいもは2cm角に、マッシュルームは4つ割りに、小分けしたブロッコリーは茎に包丁を入れ手でさく。

03 じゃがいもは変色しないように、水に漬けておく。

04 鶏もも肉に塩・コショウをふり、軽くもみこむ。フライパンにサラダ油とバターを熱し、中火で皮目に焼き色がつくまで炒める。

05 ホワイトソースを作る。鍋にバターを熱し、薄力粉を入れて混ぜながら弱火にかける。(ポ)火を止めたとき流れるようになるまで炒める。

06 05に牛乳を一度に加え、ゴムべらで混ぜる。(ポ)牛乳は冷たいものを使う。温かいと薄力粉が固まってしまうので注意する。

07 途中から泡立て器でダマができないよう混ぜる。粗塩、コショウ、チキンブイヨンの粉末、切り込みを入れたローリエを加える。

08 うっすらと焼き色のついた04の鶏もも肉をフライパンを傾けて油を切りながら、07の鍋にうつす。

09 08のフライパンで玉ねぎ、にんじん、じゃがいも、マッシュルームを炒める。油が多ければキッチンペーパーで吸いながら炒める。

10 野菜を08の鍋に入れ、弱火で15分煮込む。ブロッコリーは塩ゆでにして水気を切る。シチューを器に盛り、ブロッコリーを添える。

Point

ルウはダマができないよう
しっかり炒める

所要時間
40分

ロールキャベツ風クリームシチュー

材料（2人分）

キャベツ…4枚（240g）
豚ひき肉（または合い挽き肉）…150g
玉ねぎ…1/5個（40g）
パン粉…10g
ベーコン…4枚（80g）
牛乳…小さじ2
バター…5g
ナツメグパウダー…小さじ1
チキンブイヨン…3カップ（600cc）
粒コーン（冷凍）…大さじ4
にんじん…1/3本（50g）
生クリーム…60cc
コーンスターチ（同量の水で溶く）…大さじ3～4
塩・コショウ…各適量

飾り

さやいんげん…4本（32g）

01 キャベツは芯をくりぬき、水をはったボウルの中で外側から1枚1枚はがしていく。ポ水の重みを利用すると分けやすい。

02 鍋に水を入れ、沸騰したら塩を溶かす。キャベツをしんなりするまで1～2分ゆで、ざるに上げてあおいで冷ます。

03 キャベツの芯の厚い部分は包丁でそぎ切りにする。芯はロールキャベツの具に入れるので、細かく切る。

04 フライパンにバターを熱し、みじん切りにした玉ねぎをさっと炒め、ボウルに移す。氷水をはったボウルの上で粗熱を取る。

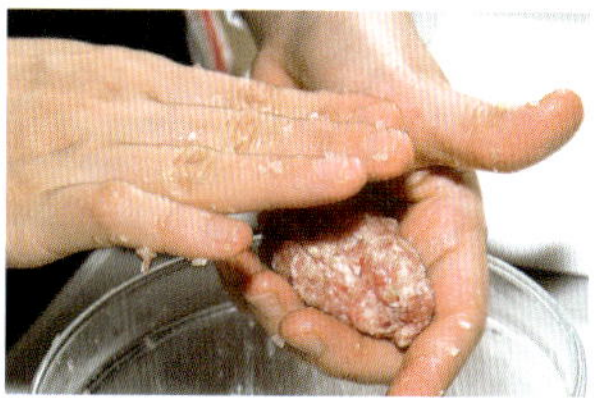

05 ボウルに豚ひき肉、04の玉ねぎ、03の芯、パン粉、牛乳、ナツメグ、塩・コショウを入れてよく混ぜる。4等分に分けて俵状に丸める。

06 キャベツを広げて芯の手前にタネを置き、ひと巻きしたら左端を折り込んで巻く。右側の飛び出している部分を指で中に押し込む。

07 06にベーコンを巻き、巻き終わりをつまようじで止める。

08 にんじんは花型で抜き、さやいんげんは筋を取り塩ゆでし、斜め2等分に切る。粒コーンは解凍する。

09 鍋に07とチキンブイヨン、塩・コショウを入れ、落としぶたをし40分煮込む。にんじん、コーンを入れてさらに20分煮込む。

10 生クリーム、塩・コショウを入れて味を調え、コーンスターチで濃度をつける。つまようじを外し器に盛りつけ、いんげんを飾る。

Point

ロールキャベツはすき間がないようにしっかり巻く

所要時間 80分

スープのHOTコラム⑪

クリームシチューのワンポイントアレンジ

余ってしまったスープは、工夫をこらして別の料理に活用して

Arrange 1

シチュードリア

材料（2人分）

クリームシチュー…1カップ、ごはん…茶碗2杯分、溶けるチーズ…50g、パルメザンチーズ…大さじ1、バター…10g、パセリのみじん切り、塩・コショウ…各適量

作り方

❶温かいごはんにバター、塩・コショウを混ぜる。❷グラタン皿に1を敷いて、クリームシチューを上からかけ、溶けるチーズ、パルメザンチーズをのせる。❸220℃のオーブンで10分焼く。❹仕上げにパセリのみじん切りをふる

Arrange 2

パン・デ・シチュー

材料（2人分）

クリームシチュー…1カップ、パン（丸くて中をくり抜けるもの）…2個

作り方

❶ふたになるパンの上部を1cm切る。❷下部のパンの中身をくり抜き、ふたとともにオーブントースターで軽く焼く。❸くり抜いた部分に、温めたクリームシチューを入れてふたを添える

Arrange 3

クリームコロッケ

材料（2人分）

クリームシチュー…1カップ、コーンスターチ（水で溶いておく）…適量、薄力粉、溶き卵、パン粉…各適量

作り方

❶クリームシチューの大きい具は、1cm角に切る。❷シチューを鍋に入れて火にかけ、水で溶いたコーンスターチでしっかり濃度をつける。❸バットに流して冷ます。❹3を4等分にして、手で俵形に整え、薄力粉、溶き卵、パン粉の順につける。❺揚げ油（分量外）を180℃に熱し、4をこんがりと揚げる

ドリアやコロッケに変身……アレンジで新たな味わいを

クリームシチューが中途半端に残ってしまったら、ホワイトソースとして活用できます。例えば、塩・コショウを混ぜたごはんにクリームシチューをかけ、粉チーズをふりかけてオーブンで焼けばドリアに。パスタソースとして使ったり、コーンスターチでとろみをつけ、衣をまぶして油で揚げればコロッケに変身します。

クリームシチューの汁をベシャメルソース代わりにしてラザニアを作るなど、汁と具を別々の料理に活用するという方法もあります。

さらに、クリームシチューはパンとの相性がいいので、中をくり抜いたパンの中にシチューを盛りつけて、いつもとは違った楽しみ方をするのもよいでしょう。

一度にたくさん作る煮込み系のシチューはアレンジが効くので、たくさん作っておいて正解。日々の献立で大活躍するでしょう。

黄パプリカのガスパチョ

Gaspacho

ガスパチョ2種

冷たさと酸味が食欲をアップ！
スペインのトマトスープ

赤パプリカのガスパチョ

赤パプリカのガスパチョ

材料（2人分）

玉ねぎ…1/6個（30g）
きゅうり…1/3本（30g）
トマト…2個（300g）
赤パプリカ…1/4個（40g）
にんにく…1/4片
バゲット…20g
白桃…20g
トマトペースト…大さじ1/4
Ⓐ 赤ワインヴィネガー…小さじ1
Ⓐ EXVオリーブオイル…約20cc
Ⓐ タバスコ…少々
氷水…約150cc
塩・コショウ…各適量

01 (準)玉ねぎ、皮をむいたきゅうり、白桃、トマト、赤パプリカを粗切りに、にんにくは芽を取ってみじん切りに、バゲットは手でちぎる。

02 ボウルに01とⒶ、塩・コショウを入れる。(ポ)浮き実用の玉ねぎ、きゅうり、トマト、赤パプリカをそれぞれ10gずつ取っておく。

03 02にトマトペーストを加え全体になじむまで、ゴムべらで混ぜる。ラップをして半日から一晩冷蔵庫に入れて、マリネする。

04 03をミキサーに入れる。(ポ)一晩マリネすることで、味がなじんでまろやかになる。

05 氷水で04のボウルを洗いながらミキサーに入れて撹拌する。

06 味を見て、タバスコ、塩を加える。(ポ)濃度が濃過ぎる場合は、水（分量外）を入れて調節する。

07 再度味を見て、トマトの酸味が足りないようなら、赤ワインヴィネガーを加える。

08 ざるに入れてこし、皮などを取り除く。(ポ)ゴムべらで上から軽く押さえ、しっかりこす。

09 02で残しておいた浮き実用のきゅうり、トマト、赤ピーマン、玉ねぎを3㎜角に切る。

10 08のガスパチョを器に盛り、09の浮き実を飾る。(ポ)スープや器は食べる直前まで冷蔵庫で冷やしておいてもよい。

Point

材料と調味料を
混ぜてマリネする

所要時間
20分
※マリネの時間は除く

黄パプリカのガスパチョ

材料（2人分）

きゅうり…1/2本（50g）
黄プチトマト…15個（200g）
黄パプリカ…2/5個（60g）
パイン（缶詰）…小1枚（20g）
にんにく（みじん切りにする）…1/3片（3g）
Ⓐ ヨーグルト…120g
　白ワインヴィネガー…少々
　マヨネーズ…大さじ1/2
EXVオリーブオイル…約20cc
氷水…60cc
塩・コショウ…各適量

飾り

黄プチトマト、パイン…上記より各8枚分

01 黄プチトマトは2～3㎜の輪切りを8枚分切る。パインは厚みを半分にし、その一枚を8等分にする。

02 皮をむいたきゅうり、種を取った黄パプリカは粗切りに、黄プチトマトは半分に切り、01で残ったパインは放射線状に切る。

03 02の材料とEXVオリーブオイルをボウルに入れ混ぜる。

04 Ⓐと塩・コショウを入れて、へらで全体になじむまで混ぜる。ラップをして半日から一晩冷蔵庫に入れ、マリネする。

05 04をミキサーにすべて入れる。(ポ)ゴムべらで残ったものもこそぎ入れる。

06 ボウルに氷水を入れ、ボウルを軽く洗いながらミキサーに加え、撹拌する。

07 なめらかになったら、ざるでこす。(ポ)ゴムべらで上から軽く押す。ざるの裏についたかすは、ゴムべらで取る。

08 スープを器に盛り、01の浮き実を飾る。(ポ)箸を使い、輪状にきれいに並べる。

Mistake!

スープがきれいな黄色にならない

きゅうりの皮は、必ずきれいにむきましょう。皮が残っていると、粒状になった皮がスープに混ざってしまい、見た目が悪く、味も青臭くなってしまいます。

黄色のスープに緑色が混ざってしまう

Point

スープはなめらかになるまでミキサーにかける

所要時間 20分
※マリネの時間は除く

スープのHOTコラム⑫

スパイスの個性を知って活用する

とにかくスパイスを使えばいいというものではありません

4つの応用パターン

応用・1

料理に使っている素材や系統が似ている

ハンバーグに欠かせないナツメグは、牛肉をベースにした肉料理にも合うといったように、料理の系統や素材が似ていれば、スパイスとも合う

例えば

肉料理は香りの強いスパイスが合う	➡ ナツメグ、コショウ、セージなど
魚料理は爽やかな香りのスパイスが合う	➡ ディル、バジル、エストラゴンなど

応用・2

香りや辛さの系統が似ているものは同じ料理に使える

1とは逆の意味で、ハンバーグに最適なナツメグの代わりに、似ている香味のメースを使っても合うということ

例えば

臭み消しに使いたい	➡ クローブ、ナツメグ、セージ、ガーリックなど
辛さをプラスしたい	➡ コショウ、カイエンヌペッパー、ガラムマサラなど
色をつけたい	➡ ターメリック、サフラン、唐辛子、パプリカ、バジルなど

応用・3

スパイスやハーブの系統（科目）が同じなら合う料理も一緒

肉の臭み消しにはユリ科のスパイスが効果的。ガーリックと同系統の玉ねぎを使うこともできる

例えば

ユリ科	➡ ガーリック、玉ねぎ、ねぎ、にら
ショウガ科	➡ ジンジャー、カルダモン、ターメリック、みょうが
アブラナ科	➡ マスタード、ホースラディッシュ、わさび
セリ科	➡ ディル、コリアンダー、クミン、パセリ、セロリ

応用・4

和風と洋風を置き換えることも可能

香味成分や科目が同じなら、和風スパイスでも洋風スパイスでも合う料理は同じ

例えば

ソーセージ＋マスタード	➡ ソーセージ＋和がらし
ローストビーフ＋ホースラディッシュ	➡ ローストビーフ＋わさび

基本的な働きを理解すれば いろいろな料理に活用できる

スパイスは使えばいいというものではありません。料理とスパイスやハーブの基本的な適合性を理解するのが大切です。

まず、スパイスやハーブは、臭み消し、香りづけ、辛みづけ、色づけと4つの基本的な役割に分けられます。例えば、臭み消しのスパイスやハーブには、ガーリック、クローブ、セージなどがあります。そのなかでも肉の臭みを消すには、ガーリックや玉ねぎなど、ユリ科のハーブやナツメグなどのスパイスが多く使われます。

料理とスパイスやハーブの相性には基本の組み合わせがあります。そして、同じ植物系統だったり、香りや性質が同じものであれば、置き換えが可能です。基本的な相性を理解することで、さまざまなメニューでスパイスやハーブを有効に使いこなせ、料理の味わいに幅が出るのです。

Seaweed Soup

ミヨックッ2種

韓国では滋養のために食べる
栄養満点のわかめスープ

わかめスープ

煮干しだしのわかめスープ

煮干しだしのわかめスープ

材料（2人分）

あさり…100g
絹ごし豆腐…1/7丁（40g）
塩蔵わかめ…30g
水…3·1/2カップ（700cc）
煮干し…10g
塩…小さじ1/2
醤油…小さじ1/2
コショウ…適量

飾り

万能ねぎ…2本（10g）

01 (準)煮干しだしを取る。煮干しの頭と内臓を取り、分量の水に一晩漬けて置く。

02 戻し汁ごと鍋にうつし、強火にかける。沸騰したら弱火にしてアクを取り除き、10分煮る。

03 02をざるでこしながら、鍋に入れる。

04 あさりは塩をふり、殻についた砂や汚れを落とす。(ポ)手で貝同士をこすりつけて落とす。

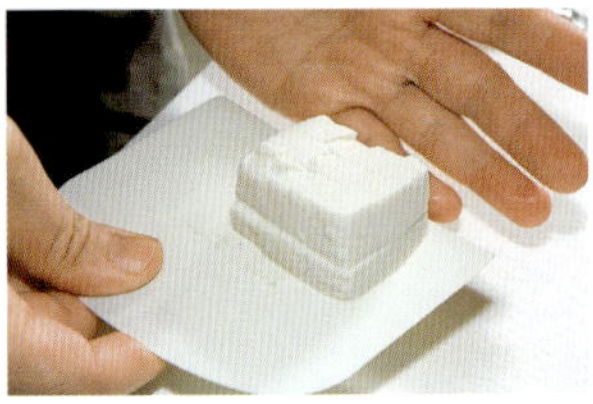

05 絹ごし豆腐は1cm角に切る。

06 塩蔵わかめは塩を洗い流し、水に15分つけて戻したら、筋を取って一口大の大きさに切る。

07 万能ねぎを小口切りにする。

08 03にあさりを入れて軽く煮る。

09 わかめと絹ごし豆腐を加え、あさりの口が開くまで煮る。

10 醤油、塩・コショウで味を調え、器に注ぐ。仕上げに万能ねぎを散らす。

Point

煮干しから
しっかりだしを取る

所要時間
30分
※だしの準備は除く

わかめスープ

材料（2人分）

牛もも肉…75g
長ねぎ（白い部分）…8g
塩蔵わかめ…30g
白ごま…小さじ1/2
水…3・1/2カップ（700cc）
醤油…小さじ1
ごま油…小さじ2
塩…小さじ1/2
コショウ…適量

飾り

糸唐辛子…少々

01 水を入れた鍋に牛肉を入れ、強火にかける。ポ沸騰させる前に、水の状態で先に牛肉を煮ると、アクが出やすい。

02 沸騰したら弱火にし、アクを取りながら牛もも肉を約30分煮る。

03 牛肉を取り出し、繊維に沿って手で細かく裂く。ポ煮汁はだしとして使うので、取っておく。

04 塩蔵わかめは塩を洗い流してから水を入れたボウルに入れて戻す。

05 わかめの筋を取り、一口大に切る。ポ戻してから切らないと一切れが大きくなるので、注意する。

06 長ねぎは粗みじん切りにする。

07 牛肉、わかめ、長ねぎとごま油小さじ１を入れ、手で混ぜ合わせる。ポ全体にごま油が行きわたるまでしっかり混ぜる。

08 鍋にごま油小さじ１を熱し、白ごまをほんのりと香りが出るまで炒める。07を入れ、わかめの色が変わるまで炒める。

09 03で残しておいた牛肉のだし汁を加えて混ぜる。

10 醤油、塩・コショウを入れて味を調える。器に盛り、糸唐辛子を飾る。

Point

具材とごま油を
しっかり混ぜ合わせる

所要時間
50分

スープのHOTコラム⑬

韓国の汁文化について

チゲは鍋物ではない？　韓国の汁とはいったいどんなものを指すのでしょう

韓国の汁は２種類

クック（タン）

だしを取る材料で、もっとも一般的なのが牛肉。味つけは塩か薄口の醤油でするか、唐辛子味噌を溶かして辛くすることもある

チゲ

キムチや肉などのたくさんの具と、味噌またはアミえびという小えびの塩辛で味つけし、ぐつぐつと煮立たせた鍋料理

韓国では汁かけ飯は許される!?

日本ではマナー違反だが……

日本では汁かけ飯は敬遠されるが、韓国では汁物にごはんを浸して食べるのは日常的なこと。ごはんをスプーンにのせ汁に浸したり、汁の器にごはんをすべて入れたりと、人それぞれに食べ方のスタイルがあるようだ

韓国の２大汁物　クックとチゲの違いとは？

韓国の汁物にはクックとチゲの2種類があります。韓国料理店でよく見かけるカルビタンやコムタンなどは、すべてクック（正式にはタン）です。クックは、汁気が比較的多く、澄んだ汁物のこと。肉や小魚からだしをとり、そのまま具として食べるのが主流です。ちなみに、スープにごはんが入ったクッパという料理は、クックよりごはんものに分類されています。

キムチや肉、野菜などをじっくり煮込み、味噌や塩辛などを使って濃厚に仕上げたものが代表的なチゲです。韓国の大衆料理店では、トゥッペギという専用の小鍋で出てきます。チゲとは直訳すると鍋物という意味ですが、韓国では一般的に汁物に分類されています。

鍋料理を指す言葉にはもうひとつ、ジョンゴルというものがあり、これはチゲよりも大きな鍋で作り、大人数で食べるものを指します。

Tom Yum Kung

トムヤムクン

えびの旨みと酸味と辛味が
絶妙なタイのスープ

トムヤムクン

材料（2人分）

有頭えび…4尾（160g）
タクライ（レモングラスの茎）…2本
カー（しょうが）…20g
バイマックルー（こぶみかんの葉）…3枚
赤唐辛子…1本
ふくろ茸（水煮缶）…4個
ナムプラー…大さじ1・1/2
チリソース…小さじ2
ライム…1/2個
パームシュガーまたは砂糖…少々

鶏がらスープの材料

鶏がら…1羽分
シャンツァイの根…1本分
水…1.2ℓ

飾り

シャンツァイの葉…1本分

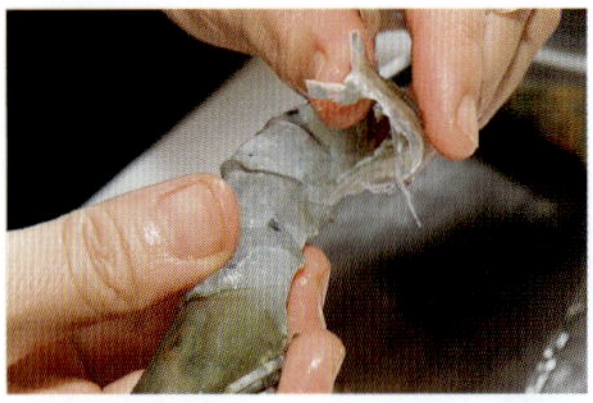

01 有頭えびは背わたを取って、胴体の部分の殻をむく。ひげが長い場合は切る。(ポ)冷凍の場合は使う直前に流水で解凍する。

02 ふくろ茸は4つ割りにし、水を入れた鍋に入れる。強火にかけ、沸騰したら取り出し、水分をしっかり拭き取る。(ポ)缶詰臭さを取る。

03 シャンツァイは葉の部分を飾り用に取り分け、根を包丁でたたく。(ポ)包丁のみねの部分でしっかりたたくと、香りが出る。

04 タクライは斜め薄切りに、カーは皮をむいて薄切り、赤唐辛子はヘタの部分を取って細切り、バイマックルーは葉脈を取り、手でちぎる。

05 4cm幅に切った鶏がら、えびの殻、タクライの固い部分、カーの皮、バイマックルーの葉脈、たたいたシャンツァイの根を用意する。

06 鶏がらスープを作る。水を入れた鍋に05の材料をすべて入れ、強火にかける。アクが出てきたら取り、弱火にして30～40分煮る。

07 ざるにクッキングペーパーを敷き、06をこす。(ポ)にごらないように、静かに注ぐ。こしたスープの450cc分を鍋に入れ、強火にかける。

08 07にタクライ、カーを入れ、香りが出るまで煮る。バイマックルー、赤唐辛子、ふくろ茸を入れ、軽く沸騰してきたらえびを入れる。

09 ナムプラー、パームシュガー、好みでチリソースを入れて、2～3分軽く煮立てる。

10 アクが鍋いっぱいに出てきたら、レードルなどで鍋の隅に寄せて取り除く。ライムを絞り、シャンツァイを添える。

Point

鶏がらスープに
具材の切れ端を使う

所要時間
60分

材料（2人分）

タイ米…大さじ4、ココナッツミルク…50cc、まいたけ…1/3パック（30g）、もやし…60g、チンゲン菜…1株（75g）、黄ニラ…30g、赤唐辛子…1本、えび…4尾（160g）、ナンプラー…大さじ1、レモン汁…少々

鶏がらスープの材料

鶏がらスープ…500cc、レモングラス…1本、バイマックルー（こぶみかんの葉）…2枚、カー（しょうが）…1かけ

Point

タイ米はよく洗っておくとスープがにごらない

所要時間 30分

Tom yum kung Arrange

ココナッツ風味のトムヤムクン

辛さがやや和らいだ、まろやかなトムヤムクン

01 薄切りにしたレモングラス、輪切りにしたカー、ちぎったバイマックルーをだしパックに入れる。

02 鍋に鶏がらスープ、よく洗った米、01を入れて15分火にかける。

03 もやしはひげを取る。えびは背わたを取り、殻をむく。黄ニラは5cmの長さに、チンゲン菜は8cmの長さに切る。赤唐辛子は細切りにする。

04 02の鍋に、小分けにしたまいたけ、えび、もやし、赤唐辛子、ココナッツミルク、ナンプラーの順に入れて煮る。

05 米が柔らかくなるまで煮たら、だしパックを取り出し、黄ニラ、チンゲン菜を入れて2～3分煮る。

06 レモン汁をかけてよく混ぜたら、器に盛りつける。

スープのHOTコラム⑭

エキゾチックな魅力の東南アジアの食材

トムヤムクンやフォーでおなじみ、東南アジアの料理の特徴と食材を紹介します

主食

タイ米

日本米に比べ長細くぱさぱさしている。いわゆるジャスミンライスは最高品種のこと

フォー

ベトナムの米の粉から作った麺。鶏や牛肉を使い、スープをかけたフォーが人気

野菜

カー

日本のしょうがよりも白くて固く、辛みの強いハーブ

タクライ

レモングラスの茎。爽快な香りと酸味はトムヤムクンに必須

マックア

小ぶりの青く固いなす。タイのカレーには必ずといっていいほど入る

インスタント食品

調味料

トムヤムクン、ナシゴレン、グリーンカレーの素など、東南アジアにも手軽なインスタント食品は多数ある

調味料

カピ

小えびなどを塩漬けにしてペースト状にした味噌。カレーやチャーハンなど、日本の味噌感覚でさまざまな料理に使う

ナンプラー

塩漬けにした魚介類を発酵、熟成させ、出てきた汁を漉した調味料

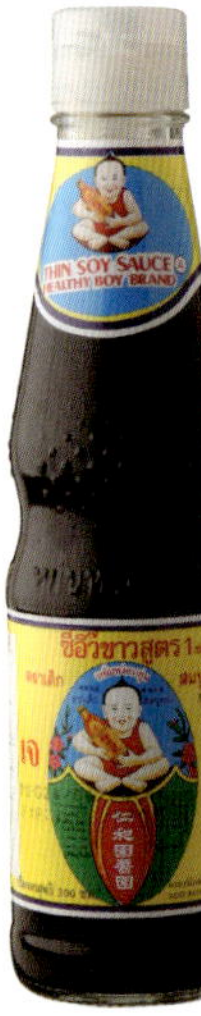

シーユーカオ

タイの醤油。タイでは加熱調理をするときにしか使わない

エスニックの本場、東南アジアの料理事情とは

東南アジアの料理というと、甘みや辛み、酸味などが溶けあった、複雑でスパイシーなイメージがありますが、国それぞれに独特な特徴を持っています。

例えばタイの料理をひとことで表すなら、一皿に辛・甘・塩・酸味などが混在したインパクトの強い料理。トムヤムクンは、酸味と辛味、魚介類由来の旨みが合わさった複雑な味です。

ベトナム料理は、かつて国がフランス領だったこともあり、繊細で洗練されたメニューが多数。料理やスープの味はごく薄味におさえ、香草やニョクマムなどの調味料で各自味つけをして食べます。

インドネシア共和国の料理の特徴は、一皿に数十種類ものスパイスが多用されているところ。調理法はシンプルですが、ボリュームのある料理が多いのもこの国ならではです。

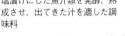

Shark Fin Soup

ふかひれスープ

中国料理を代表する高級食材を
旨みを生かしたスープとともに

ふかひれスープ

材料（2人分）

ふかひれ（水煮）…100g
老酒（ふかひれ用）…大さじ1
鶏むね肉…75g
えび…3尾
長ねぎ（白い部分）…5cm（10g）
長ねぎ（青い部分）、しょうが、酒…各適量

Ⓐ
- オイスターソース…小さじ2/3
- 醤油…小さじ1
- 塩…小さじ1
- 蒸し汁…上記より

片栗粉…大さじ1（水と1：1の割合で溶いておく）
サラダ油、塩… 各少々

清湯スープの材料

鶏むね肉またはささ身…50g
豚赤身肉（ももなど）…50g
長ねぎ（青い部分）…1/3本（30g）
鶏がらスープ…1ℓ
しょうが…5g

※糸状の乾燥ふかひれを使用する場合は、ぬるま湯に60分漬けて戻し、鍋でゆでる。鍋でゆでる工程を3～4回繰り返す

01 清湯スープを作る。鶏むね肉、豚赤身肉は細かく刻み、長ねぎは粗みじん切りに、しょうがは皮ごと1～2㎜幅の薄切りにする。

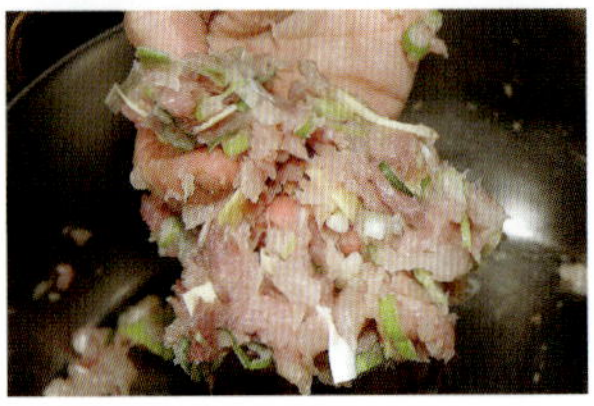

02 鍋に01をすべて入れ、ねばりが出るまで、手でしっかり混ぜ合わせる。(ポ)鍋を使うとそのまま火にかけられる。

03 鶏がらスープを加え、強火にかける。木べらで混ぜ、75℃（指が入れられないほどの熱さ）になったら混ぜるのをやめる。

04 弱火で30分煮込む。(ポ)2～3か所静かに沸騰するくらいの温度を保つ。クッキングペーパーを敷いたざるで静かにこす。

05 耐熱皿に鶏むね肉、背わたを抜いたえび、5cm幅に切った長ねぎ（青い部分）、薄切りにしたしょうがを並べる。酒をふりかけ、蒸す。

06 3分経ったらえびを取り出し、さらに5分蒸したら火を止める。蒸して出た汁はざるでこしておく。

07 沸騰した湯にふかひれを入れ、臭みを抜く。老酒、塩を入れ、箸で軽くかき混ぜ、2～3分火を通す。

08 鶏むね肉、殻をむいたえびは2～3㎜幅の細切りに、長ねぎ（白い部分）は1～2㎜幅のせん切りにする。ふかひれはざるで水分を切る。

09 鍋にサラダ油を熱し、ねぎをジュンと音がするまで炒める。06でこした汁とⒶを入れて全体を混ぜたら、04の清湯スープを加える。

10 鶏むね肉、えび、ふかひれを入れ、さっと火を通す。水溶き片栗粉を入れてとろみをつける。

Point

ふかひれの臭みを湯通しして抜く

所要時間 60分

材料（2人分）

水…500ml
ふかひれスープの素（レトルト）…1パック
卵…1個
酒…小さじ1
白髪ねぎ…20g
しょうが（せん切り）…10g
サラダ油…適量

飾り

シャンツァイの葉…上記より少々

Point

レトルトの臭みを酒でしっかり消す

所要時間 20分

Shark Fin Soup Arrange

レトルトを使ったふかひれスープ

レトルトをアレンジして本格派スープに

01 中華鍋にサラダ油を熱し、白髪ねぎとせん切りにしたしょうがを入れて炒めたら、酒を加える。

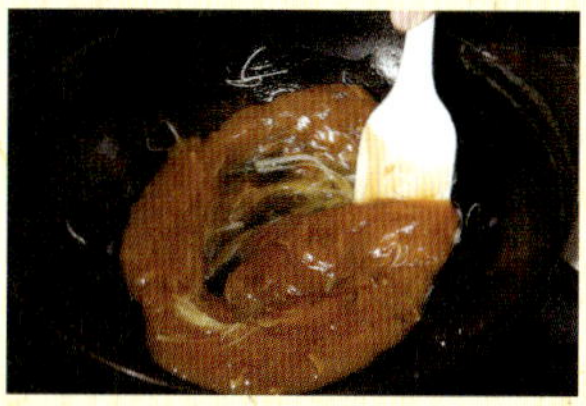

02 01の鍋にふかひれスープの素を入れ、ゴムべらでよく混ぜる。

03 続いて水を注ぎ入れ、沸騰するまでよく混ぜる。(ポ)泡立て器で混ぜるとよい。

04 弱火にして、溶き卵をゴムべらにつたわせながらゆっくりと流し入れる。

05 30秒ほどしたらゆっくりとかき混ぜる。

06 火を止め、シャンツァイを加えて混ぜたら器に盛る。シャンツァイは飾り用に少し残しておく。

スープのHOTコラム⑮

中国料理のスープのベースになる、中国のだし汁とは

すべての中華スープのもとになるだし汁は、おもに3種類

中国の地方別スープの特色

上海

中国でも東部に位置する上海は、海産物が豊富な地域。スープは、上海がにやふかひれなど海の幸を使った、あっさりとした煮込み系のものが多い

北京

色や素材、盛りつけなどを重視し、多彩な調理法で作られる洗練された濃厚な料理が特徴。スープにも肉や野菜が豊富に使われ、さまざまな味わいのものがある

四川

唐辛子をはじめ、コショウや山椒など香辛料をふんだんに使用した料理が主流。サンラータンは四川を代表するスープ

広東

素材の味を生かした薄味料理。特に汁物を大切にし、ふかひれやつばめの巣など高級食材を使ったものも多い

スープには欠かせない調味料

鶏油

スープの仕上げに垂らして風味をよくする、鶏の脂肪から作るオイル
永楽製麺所

鶏ガラスープ

中華スープの基本になるもの。お湯に溶かすだけで手軽に本場の味に
九成商事

乾物

中国のスープには、だしの出る具材として乾物を使うことが多い。鶏がらスープと一緒に常備しておけば最強

基本の中華スープは簡単 たくさん作って活用して

中国料理のスープ料理は湯菜(タンツァイ)と呼ばれます。そのなかでも、蒸して作るスープを燉(ドゥン)、片栗粉などでとろみをつけたものが羹(ゴン)と、作り方によって料理名が変わります。

これらスープ料理のベースになるのが、湯(タン)というだし汁です。もっとも基本なのが毛湯(マオタン)と呼ばれる鶏がらスープ。鶏がらとねぎ、しょうがを一緒に煮込んだだし汁で、ふかひれスープやサンラータンなど、ほとんどのスープのベースになります。

鶏がらスープを使って作るのが清湯(チンタン)で、フランスのコンソメと同様、清く澄んだスープです。いっぽう、豚骨をぐつぐつ煮込んで、鶏がらスープとともに牛乳のように白く濁らせる白湯(パイタン)スープは、野菜や米、麺など淡泊な素材にコクをもたせるために使います。

Shrimp Won Ton Soup

えびワンタンスープ

皮から手作りするワンタンは
もちもち、ツルツルの食感

えびワンタンスープ

材料（4人分）

ワンタンの皮の材料

強力粉…60g
片栗粉…60g
水…70cc
塩…一つまみ

ワンタンの具の材料

えび…80g
長ねぎ（白い部分）…5cm（10g）
たけのこ…15g
しょうが…少々
ごま油…小さじ1/4
酒…小さじ1/4
塩・コショウ…各適量

えびの清湯スープの材料

えびの殻…上記より
鶏むね肉（皮なし）…150g
卵白…1個分（30g）
しょうが…一かけ
長ねぎ…10cm（20g）
水…1ℓ
粗塩、コショウ… 各適量

スープの具の材料

ターツァイ…1/2株
きくらげ（乾燥）…1g
長ねぎ（白い部分）…5cm（10g）
粗塩…適量

Point

ワンタンの生地を
しっかり閉じる

所要時間
80分

01 えびは背わたを抜き、殻をむく。塩と片栗粉（分量外）を加えてもみ、水洗いして水分を切る。殻はスープに使うので取っておく。

02 清湯スープを作る。フードプロセッサーに01の殻、3cm角に切った鶏むね肉、しょうが、半分に切った長ねぎ、卵白を入れて回す。

03 鍋に02と水、粗塩、コショウを入れて強火にかける。鍋底から絶えず混ぜながら、75℃くらいになるまで火にかける。

04 湯気が出てきたら混ぜるのをやめ、軽く沸騰するくらいの火加減で約30分煮る。

05 クッキングペーパーを敷いたざるに注ぎ入れ、静かにこす。(ポ)出しがらなどの固形物が入るとスープがにごるので、注意する。

ワンタンの皮作り

1 ボウルに強力粉、片栗粉、水、塩を入れ、箸でかき混ぜる。

2 台に出し、生地がなめらかになるまでこねる。(ポ)手のひらで押し出すようにこねる。

3 生地がなめらかになり、まとまったら、ラップに包み、常温で20分以上置いておく。

4 木製の台に打ち粉をし、生地を置き、透けて見えるくらいの1～2mmの厚さにのばす。

5 7cm角の正方形に切り分ける。(ポ)定規を使ってきちんと長さを計る。

えびワンタンスープ

06 ワンタンの具を作る。01のえびを包丁の腹で軽く押しつぶし、大きめの粗みじん切りにする。ポ中華包丁を使うとうまくつぶれる。

07 長ねぎ、たけのこ、しょうがを細かくみじん切りにする。

08 ボウルに06と07、ごま油、塩、酒、コショウを入れてねばりが出るまで混ぜ合わせる。ポ同じ方向に向かって手で混ぜるとよい。

09 ワンタンの皮にティースプーン1杯分の08をのせる。ポ多過ぎるとはみ出てしまい、少な過ぎると食感が悪くなる。

10 左右の角を合わせて半分に折り、合わせた角を持ち、真ん中で角を合わせる。

11 鍋にお湯を沸かし、ワンタンを入れて、浮いてきたら取り出す。

12 ターツァイは粗塩を溶かした熱湯で塩ゆでする。根元から入れ、しんなりしたら葉の部分を入れる。盆ざるに上げ、あおいで冷ます。

13 きくらげは硬い石づき部分を切り落とし、水に約15分浸して戻す。

14 ターツァイは3～4cmの長さに、きくらげは一口大に、長ねぎは5cmの長さの細切りにする。

15 05の清湯スープにきくらげを入れてさっと煮る。

16 器に11のワンタンを盛り、15のきくらげが入ったスープを注ぎ、長ねぎ、ターツァイを添える。

ワンタンの皮の包み方バリエーション

ワンタンの皮の中心に具を置き、対角線上の角と角を折り、三角形にする。写真上のように頂角を下にして置き、左右の角を、手前に折り、頂角に合わせるようにする。最後は指で押さえて固定する。

ワンタンの皮の中心に具を置き、対角線上の角と角を折り、三角形にする。写真上のように頂角を下にして置き、左右の角同士を持ち上げ、指で押さえて合わせる。

スープのHOTコラム⑯

ワンタンのあんのバリエーション

組み合わせる具材をアレンジすれば何十通りもの楽しみ方が！

きのこ＋鶏ひき肉＋長ネギ

きのこと長ねぎをみじん切りにして、鶏ひき肉とよく混ぜる

えび＋キャベツ＋エリンギ＋長ねぎ＋セロリ

えびは背わたを取り、殻をむき、粗みじん切りにする。そのほかの材料はみじん切りにする

豚ひき肉＋しょうが＋にんにく＋玉ねぎ

しょうが、にんにく、玉ねぎをみじん切りにして、豚ひき肉とよく混ぜる

いか＋万能ねぎ＋松の実＋しょうが＋白菜

いかは、げその部分だけを粗みじん切りに、万能ねぎは小口切り、しょうがと白菜はみじん切りにする

マンネリ打破のワンタンのあんアレンジ

ワンタンは、広東地方で生まれた点心のひとつです。広東地方のワンタンのスープはとろみがなく、鶏がらスープベースを使ったものが主流です。ワンタンという名前も広東語だけの呼び名で、標準的な中国語では餛飩（フントゥン）と呼ばれます。ちなみに、うどんやほうとうは、この「フントゥン」という言葉が転じてできたといわれています。

自宅で作る場合は、ワンタンのあんの材料をアレンジして、バリエーションを楽しみましょう。餃子の皮を使えば、餃子のあんにもなるので便利です。

ワンタンのあんが余ってしまったら、肉団子にして鍋やスープに入れたり、バットに平たく広げてラップに包んでおけば冷凍保存もできます。2～3週間はもつので、おかずに困ったときにすぐに活用できて便利です。

第3章

スープのバリエーション

チキンコンソメ（P92）

●フランス●

Consomme

コンソメ5種

澄みわたったスープは
どんな具を合わせても美しい

トマトのジュレコンソメ（P94）

●フランス●

魚のコンソメ（P95）

●フランス●

清湯《ちんたん》コンソメ（P93）

●中国●

えびの蒸しコンソメ（P95）

●中国●

チキンコンソメ

材料（2人分）

鶏むね肉…200g
玉ねぎ…1/4個（50g）
にんじん…1/6本（30g）
セロリ…1/5本（20g）
トマトピューレ…30cc
卵白…2·1/3個分（70cc）
チキンブイヨン…1ℓ
パセリの茎…1本
タイム、ローリエ、塩・コショウ…各適量

ロワイヤルの材料

卵…1個（60g）
牛乳…大さじ3
チキンブイヨン…上記より大さじ3

01 鶏むね肉150g分を粗切りにする。玉ねぎ、にんじん、セロリは薄切りにする。

02 鶏むね肉とトマトピューレをフードプロセッサーにかける。

03 粗いミンチ状になったら、01の野菜、卵白、パセリの茎、タイム、ローリエを順に加え、さらに混ぜる。

04 03を鍋に入れ、チキンブイヨンでのばして火にかける。常に混ぜ続け、75℃になったらやめる。卵白が固まったら、2か所穴を開ける。

05 弱火にし約60分煮込む。スープが澄んだら、クッキングペーパーをかけたシノワで上澄みをこし、表面に浮いた脂はレードルで取る。

06 こした具を鍋に戻し、水（分量外）を適量加えて、火に約15分かけ、2番だしを取る。

07 2番だしを鍋に入れて沸かし、残り50gの鶏肉をゆでる。ゆで上がったら薄切りにする。

08 ボウルでロワイヤルの材料を混ぜ、塩・コショウを加える。卵液をシノワでこし、卵豆腐型に流して蒸し器に入れ、弱火で10分蒸す。

09 蒸し上がったロワイヤルを4等分し、型から外す。(ポ)1人1枚を使うが、好みで2枚使ってもよい。

10 09を皿に盛り、07の鶏肉を薄切りにして並べる。05のコンソメを温め、器に静かに流し入れ、コショウをふる。

Point

ロワイヤルは、すが入らないよう弱火で蒸す

所要時間
110分

清湯《ちんたん》コンソメ

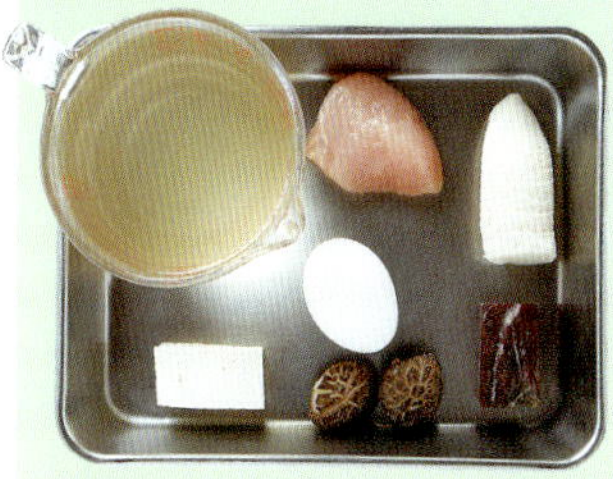

材料（2人分）

清湯スープ(P19参照)…600cc

具材の材料

鶏むね肉…50g
金華ハム…25g
たけのこ…1/4（50g）
絹ごし豆腐…1/6丁（50g）
卵…1個（60g）
干ししいたけ…2枚
塩…適量

01 (準)干ししいたけは水で半日～１日戻す。たけのこ、金華ハムは細切りにする。

02 鍋に200ccの清湯スープと塩を適量入れ、鶏むね肉をゆでる。鶏肉はスープに浸したまま冷ます。

03 鶏肉を引き上げた02の清湯は、ふきんをかけたざるでこす。鍋に入れて塩で味を調える。

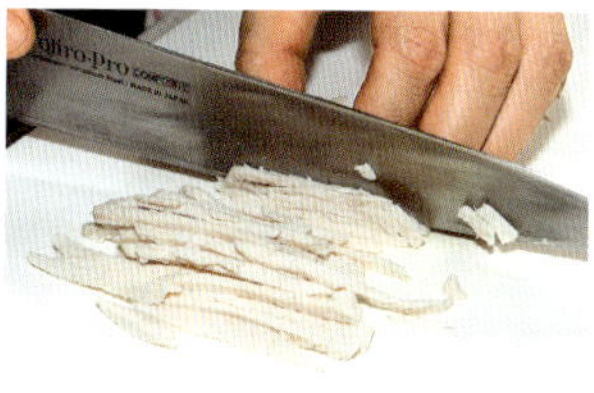

04 鶏肉が冷めたら、細切りにする。

05 絹ごし豆腐は細切りにする。(ポ)豆腐が柔らか過ぎる場合は、ふきんに包んでざるにのせ、重しをして水分を取ると切りやすくなる。

06 卵を溶いて塩を加え、薄焼き卵を焼く。大きくフライパンを回しながら広げて火を通し、まな板に広げて冷ます。

07 06を１㎜幅に切る。

08 ラップを広げ、はじめに底に戻したしいたけを敷き、その上に細切りの具材を美しく、放射状に並べる。

09 08を丸い耐熱容器に入れ、余った具を加えて押さえながらつめ、03を大さじ1杯分加える。これを計2つ作って容器ごとせいろで15分蒸す。

10 09が蒸し上がったら器にひっくり返して盛りつける。竹串で乱れた箇所を整え、周りに温めた清湯スープを注ぎ入れる。

Point

干ししいたけは軸を下にして戻す

所要時間
50分
※干ししいたけの戻し時間は除く

トマトのジュレコンソメ

材料（2人分）

完熟トマト…4個（600g）
板ゼラチン…約7g
塩…適量

スープの具の材料

オクラ…2本（15g）
ヤングコーン…2本（15g）
フルーツトマト…2個（100g）
かぶ…1/2個（50g）
マンゴー…1/4個（75g）
生ハム…2枚（15g）
えび…2尾（60g）

飾り

サワークリーム…大さじ1
ディル…少々

※板ゼラチンは1gを50ccの水で溶かすものを使用。

01 準完熟トマトはヘタをとって粗切りにし、なめらかになるまでミキサーにかける。

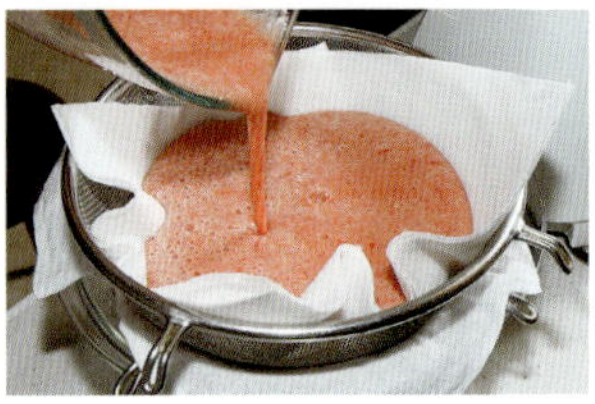

02 ボウルにふきんをのせたシノワと、クッキングペーパーをのせたざるを重ね、01を注ぎ入れる。

03 赤くにごった汁を取ってざるの上に戻し、透明な汁が流れ出るようになったらラップをかけ、冷蔵庫で3〜4時間おく。

04 準03のトマトをこした汁を350cc用意する。板ゼラチンを氷水で戻す。柔らかくなったら湯せんでゼラチンを溶かす。

05 ゼラチンが液状になったら、04のトマトのこし汁を少量ずつ加えて混ぜ、塩で味を調節する。ボウルごと氷水につけて冷やし固める。

06 オクラ、くし切りにしたかぶ、ヤングコーン、殻をむき背わたを取ったえびを塩ゆでし、冷ます。フルーツトマトは湯むきする。

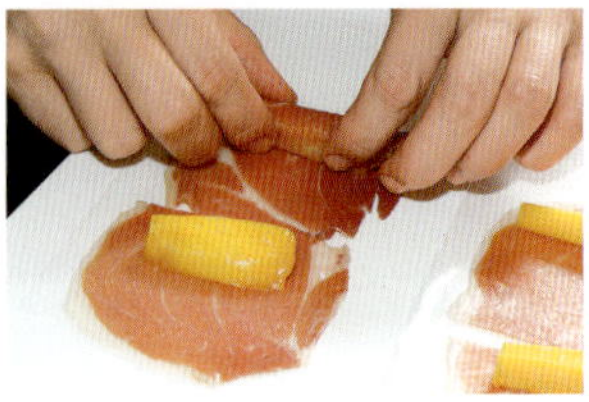

07 マンゴーを棒状に切り、生ハムで巻く。

08 具材が冷めたら皿に盛りつけ、上から固まったジュレをかける。脇にサワークリームを添え、ディルを飾る。

Mistake!

トマトのコンソメがにごってしまった

トマトのコンソメを取るときは、時間をかけて澄んだ汁が出てくるまで待ちます。ギュウギュウしぼり出すとにごった汁になり、きれいに仕上がりません。

ヘラなどで押し出してはダメ

Point

板ゼラチンはコンソメの量に合わせて量る

所要時間 90分
※03の時間は除く

魚のコンソメ

材料（２人分）

白身魚（切り身）…200g
Ⓐ 玉ねぎ…1/4個（50g）
Ⓐ にんじん…1/5本（30g）
Ⓐ セロリ…1/5本（20g）
Ⓐ ポロねぎ…1/10本（20g）
トマト…2/5個（80g）
卵白…2·1/3個分（70cc）
白ワイン…大さじ2
魚のだし汁…1.2ℓ
Ⓑ パセリの茎…1本
Ⓑ タイム、ローリエ…各適量
塩・コショウ…各適量

スープの具の材料

えび…２尾（60g）
こういか…小２杯（50g）
白身魚（切り身を半分に切る）…100g
はまぐり…4個（120g）
アスパラガス…2本（40g）

01 Ⓐはすべて薄切りにし、トマトは粗切りにする。白身魚200gは皮をそぎ落とし、適当な大きさに切り、えびは背わたを取る。

02 白身魚をフードプロセッサーにかける。粗いミンチ状になったら野菜、卵白、白ワインを順に加えて、さらに混ぜる。

03 鍋に魚のだし汁とⒷを入れて沸かし、スープの具の材料を下ゆでしたら、具材を取り出しておく。

04 鍋に０２と０３のゆで汁、塩・コショウを入れて火にかけ、７５℃で火を弱め３０分煮込む。キッチンペーパーをかけたざるでこす。

05 器にゆでた具材を盛り、味を調えて温めた04のスープを静かに流し入れる。

Point

具材の魚介類をゆで過ぎない

所要時間 50分

Recipe

えびの蒸しコンソメ

材料（２人分）

えびの清湯スープ（P86参照）…1·1/2カップ（300cc）、えび…4尾（120g）、きゅうり…2/5本（40g）、酒…小さじ1/3、水溶き片栗粉、塩・コショウ…各適量

えびの茶碗蒸しの材料

えび…２尾（50g）、卵…1個（60g）、えびの清湯スープ…1カップ（200cc）

作り方

❶えびは殻をむき、背わたを抜く。
❷茶碗蒸し用のえびと卵をフードプロセッサーにかけ、ペースト状になったら、えびの清湯スープを加えてさらに混ぜる。
❸②をざるでこして器の半分まで注ぎ、器ごと蒸し器に入れる。
❹鍋にえびの清湯スープ300ccを入れて塩・コショウで味をつける。
❺④に酒をふって蒸したえび、くり抜きスプーンで丸く抜いたきゅうりを入れてひと煮立ちさせ、水溶き片栗粉で濃度をつける。
❻蒸し上がった茶碗蒸しの上に、えびときゅうりを飾り、静かにスープを注ぎ入れる。

鍋ぶたをふきんで包むと水滴が落ちない

茶碗蒸しがくずれないようそっと盛る

グーラッシュ（P98）

●ハンガリー●

Stew

シチュー 4種

食卓のメインになれる
ボリュームメニュー

ハッシュドポークシチュー（P99）

●ドイツ●

アイリッシュシチュー（P100）

●アイルランド●

フィッシュシチュー（P101）

●フランス●

グーラッシュ

材料（2人分）

玉ねぎ…3/4個（150g）
キャラウェイシード…小さじ1/3
パプリカパウダー…大さじ1/2
赤ワイン…100cc
ホールトマトの水煮(ざるごしする)…150g
フォン・ド・ヴォ…100cc
ビーフブイヨン…2カップ(400cc)
ラード…大さじ2
バター…5g
にんにく…1/2片（5g）
塩・コショウ…各適量
牛肩肉…300g

クヌーデルの材料

じゃがいも…1個（150g）
強力粉…25g
卵…1/4個（15g）
フランスパン（クルトン用）…1枚（1.5cm厚さ）
パセリ（みじん切り）…小さじ1
ナツメグパウダー…適量
バター…15g
サラダ油…大さじ1

飾り

ディル…少々

Point

鍋底についた旨みをよく溶く

所要時間 3時間

01 にんにく、玉ねぎはみじん切りにし、牛肩肉は脂身を取り、2.5cm角に切る。じゃがいもは下ゆでする。

02 クルトン用のフランスパンを5mm角に切る。

03 フライパンに大さじ1杯分のラードを熱し、塩・コショウした肉をこんがり焼く。全面に焼き色がついたら取り出す。

04 残りのラード、バターを熱した鍋ににんにくを入れて香りを出し、玉ねぎを炒める。キャラウェイシード、パプリカパウダーを加える。

05 スパイスの香りが出てきたら赤ワインを加え、フォン・ド・ヴォとトマトの水煮、ビーフブイヨンを加える。

06 鍋底の旨みをよく溶いてから焼いた肉を加え、柔らかくなるまで弱火で約2時間半(圧力鍋の場合は25分)煮込む。濃度は適宜調節する。

07 クヌーデルを作る。別のフライパンにバター、サラダ油を熱し、02のパンを炒める。全面に焼き色がついたらざるに上げる。

08 ゆでたじゃがいもの皮をむき、フォークでつぶしてからあおいで粗熱を取る。

09 クルトン、塩・コショウ、ナツメグ、強力粉、卵、パセリを加えて混ぜる。均等に混ざったらタネを10個に分け、3cm大に丸める。

10 09を沸騰した湯で、2〜3分ゆでて、浮いたら取り出す。さらにバターで焼いてもよい。器に06、クヌーデルを盛りディルを飾る。

ハッシュドポーク シチュー

材料（2人分）

豚薄切り肉…120g
玉ねぎ…1/2個（100g）
じゃがいも…小2個（160g）
マッシュルーム…2個（15g）
りんご…1/4個（75g）
チキンブイヨン…1・1/2カップ（300cc）
牛乳…100cc
ウスターソース…大さじ1
バター…10g
塩・コショウ…各適量

ルウの材料

バター…40g
薄力粉…大さじ3

飾り

パセリ（みじん切り）…大さじ1/2
ハッシュドポテト…4個

01 玉ねぎ、じゃがいも、マッシュルーム、りんごは5mm幅に、豚薄切り肉はひと口大に切る。じゃがいもは水にさらす。

02 **ルウを作る。**鍋にバターを熱し、溶けたら薄力粉を加えて、茶色くなるまでじっくりと炒める。

03 フライパンにバターを熱して、玉ねぎと塩を入れ、しんなりして甘みが出るまでじっくり炒める。

04 豚薄切り肉を、固まりにならないようにほぐしながら加えて炒める。

05 豚肉に火が通ったら、じゃがいもとりんごを加えてさらに炒める。

06 塩・コショウをしてから、マッシュルームを加えてさらに炒める。

07 02のルウが茶色くなったら、チキンブイヨンを加えてのばす。ゴムべらで鍋の底や側面についたルウをしっかり溶かす。

08 07に牛乳を加え、泡立て器でなめらかに混ぜたら、塩・コショウで下味をつける。

09 ブクブクと泡がでてきたら、06で炒めた具材を加えてひと混ぜし、ウスターソースを加え、混ぜる。

10 ハッシュドポテトをキツネ色に揚げ、器に盛りつけたシチューに添える。さらにみじん切りにしたパセリを飾る。

Point

茶色いルウで
コクを出す

所要時間
40分

アイリッシュシチュー

材料（2人分）

子羊肩肉…500g
じゃがいも…小2個（200g）
玉ねぎ…1個（200g）
にんじん…1/2本（75g）
薄めのチキンブイヨン…3·1/2カップ（700cc）
タイム、ローリエ、塩・コショウ…各適量

飾り

パセリ…少々
ザワークラウト…120g

※市販の粉末ブイヨンを使用する場合は表示より倍に薄める

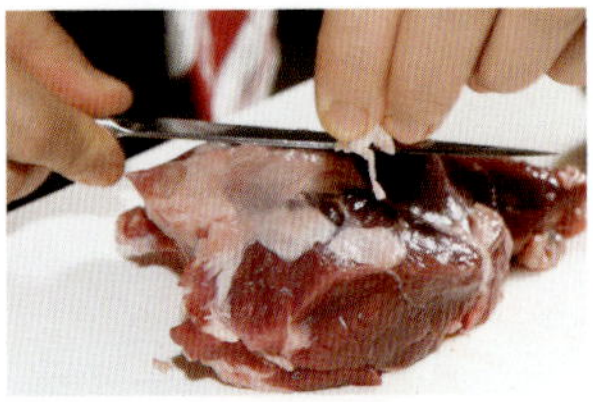

01 子羊肩肉は、脂身を包丁で取り、2.5cm角に切る。ポ余分な脂身が残っていると臭みが出てスープに脂が浮き、にごる。

02 玉ねぎ、にんじん、じゃがいもは1cm幅の輪切り、パセリはみじん切りにする。

03 鍋に、玉ねぎ、にんじん、じゃがいも、子羊肩肉の順に具材を半量ずつ入れ、上から塩・コショウをふる。

04 さらにもう半量の具材を、03と同じ順番で重ねて入れる。

05 肉の上にタイムと手で切り込みを入れたローリエをのせる。

06 チキンブイヨンを流し入れる。ちょうど具材がひたひたになるくらいの量にする。

07 鍋を火にかけ、沸騰したらアクをていねいに取る。

08 火を止め、クッキングシートを切り抜いて落としぶたをする。

09 鍋ぶたをして、160℃のオーブンに鍋ごと入れ、約2時間煮込む。ポ鍋ぶたはなるべく重いものを選び、密閉すること。

10 オーブンから出し、上に浮いた脂の層を取り除く。器に盛り、パセリを飾ってザワークラウトを添える。

Point

子羊肉の脂身はきれいに取り除く

所要時間 2時間40分

フィッシュシチュー

材料（2人分）

鯛（切り身）…1·1/2切れ（150g）
帆立貝の貝柱…2個（60g）
玉ねぎ…1/2個（100g）
カリフラワー…50g
ブロッコリー…1/6株（50g）
白ワイン…50cc
牛乳…1·1/2カップ（300cc）
魚のだし汁…1カップ（200cc）
パルメザンチーズ…大さじ2
薄力粉…大さじ3
バター…10g
バター（ルウ用）…40g
塩・コショウ…各適量

つけ合わせの材料

パイ生地…2枚（15cm角）
溶き卵…少々

01 鯛は一口大、帆立貝の貝柱は白い部分を取って半分に切り、塩・コショウをふる。玉ねぎは薄切りにする。

02 小房に分けたカリフラワー、ブロッコリーを塩ゆでする。竹串が通るくらいの柔らかさになったらざるに上げ、あおいで冷ます。

03 鍋にバターを熱し、玉ねぎを炒める。鯛と帆立貝の貝柱を玉ねぎの上に並べ、白ワインをかけフタをして４分蒸す。

04 つけ合わせのパイを焼く。魚の型に薄力粉（分量外）をつけて、パイ生地を型抜きする。クッキングシートを敷いた天板に並べる。

05 パイ生地の表面に溶き卵を塗り、箸や包丁の先で模様を描き、200℃のオーブンで15分焼く。ポ 卵がたれると側面がふくらまない。

06 白いルウを作る。鍋にバターを溶かし、ふるった薄力粉を入れて、色をつけないよう弱火で、粉気がなくなるまで混ぜる。

07 火を止めて魚のだし汁と冷たい牛乳を一気に入れる。ゴムべらで鍋底や側面についたルウをこそげたら中火にかけ、泡立て器で混ぜる。

08 濃度がついてきたら塩・コショウで味つけをし、パルメザンチーズを加える。

09 03の鍋に08のチーズ入りのホワイトソースを加える。

10 カリフラワー、ブロッコリーを加えて、軽く煮る。器に盛り、魚の形のパイを添える。

Point

牛乳がベースのシチューは塩を多めに加える

所要時間 40分

Tomato Soup

トマトスープ4種

太陽の恵みがぎゅっとつまった
食欲をそそる真っ赤なスープ

トマトとにんじんのスープ (P106)

●フランス●

ローストトマトスープ（P105）

●イタリア●

丸ごと焼きトマトスープ（P106）

●イタリア●

ドマテスチョルバス（P104）

●トルコ●

ドマテスチョルバス

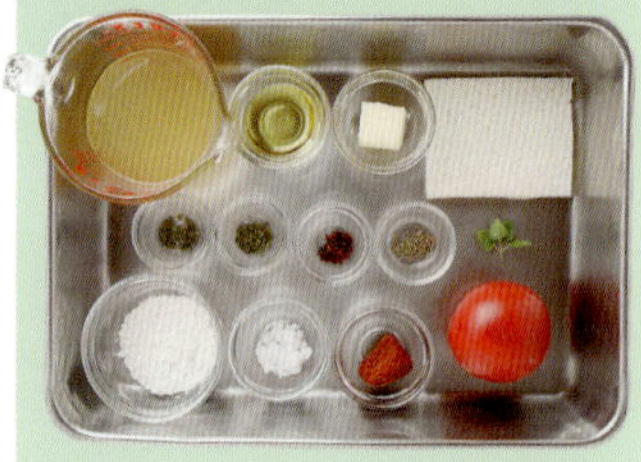

材料（2人分）

完熟トマト…大1個（200g）
トマトペースト…15g
チキンブイヨン…1·1/2カップ（300cc）
薄力粉…10g
バター（ルウ用）…10g
スパイス（ミント、パプリカ、エストラゴン、タイム）…各適量
バター、砂糖、塩・コショウ…各適量

クルトンの材料

サンドイッチ用食パン…1枚
オリーブオイル…大さじ1
バター…15g

飾り

ミントの葉…適量
スパイス…上記より適量

01 クルトンを作る。軽く乾燥させるか、凍らせた食パンを5mm角に切り、フライパンにオリーブオイルとバターを溶かして炒める。

02 全体がきつね色になったらざるに上げ、油を切る。(ポ)油が足りないと均等に焼けないので、様子を見ながらバターを足す。

03 ルウを作る。別の鍋にバターと薄力粉を焦がさないよう炒める。サラッとしたらスパイスを一つまみずつ加え、さらに炒める。

04 粗切りにした完熟トマト、トマトペーストにチキンブイヨンを加え、塩・コショウで味つけしてから約15分煮込む。

05 煮込んだ鍋を火から上げ、冷水を入れたボウルに入れて粗熱を取る。

06 05をミキサーに入れ、15秒ほど混ぜる。

07 ミキサーの中身をざるに上げ、ゴムべらで押し出すようにこしながら鍋にうつす。

08 再び火にかけ、スパイス、塩・コショウ、バター、砂糖で味を調節する。器に盛り、クルトン、スパイス、ミントの葉を飾る。

Mistake!

クルトン用のパンがつぶれてしまった

パンはそのまま切ると角がつぶれてしまい、きれいなクルトンになりません。少し乾燥させるか、凍らせて固くしてから切ると、きれいに角が残ります。

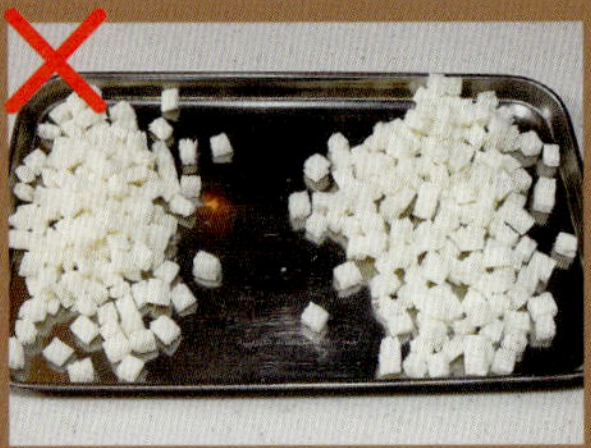

左が失敗例。右は凍らせて切ったもの

Point

クルトン用のパンは乾燥させてから切る

所要時間 30分

ローストトマトスープ

材料（2人分）

トマト…小４個（400g）
玉ねぎ…1/3個（60g）
にんじん…1/4本（40g）
なす…1/2本（30g）
赤ピーマン…1/3個（50g）
ズッキーニ…1/5本（30g）
チキンブイヨン…200cc
にんにく…1片（10g）
タイム…1枝
オリーブオイル…大さじ2
塩・コショウ…各適量

飾り

バジルの葉…2枚
EXVオリーブオイル…小さじ2

Point

粗めのざるでこして
濃度を残す

所要時間
50分

01 トマトはヘタを取り、にんにくは粗いみじん切りにし、玉ねぎ、にんじん、なす、赤ピーマン、ズッキーニは1cm幅に切る。

02 野菜にオリーブオイル、塩・コショウ、タイムをまぶし、クッキングシートを敷いた天板に並べて170℃のオーブンで30分焼く。

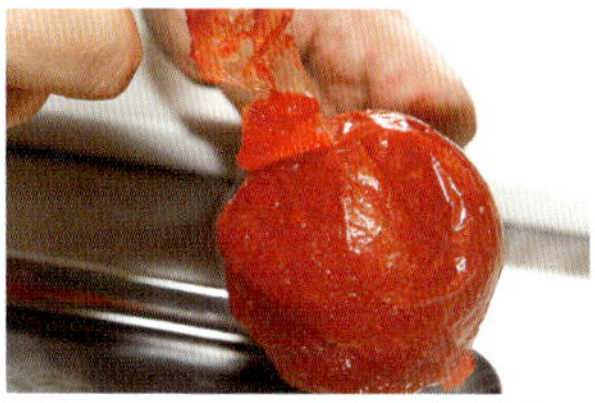

03 焼き上がった野菜から、飾り用に見栄えのいいものを取っておく。トマトは皮をむき、適当な大きさに切る。

04 ミキサーにチキンブイヨンと残りの野菜を入れ、15秒ほど撹拌する。

05 ミキサーの中身をざるに上げ、ゴムべらで押し出すようにこす。(ポ)シノワだとサラサラになり過ぎるので使わない。

06 鍋を火にかけて温め、塩・コショウで味を調節する。

07 170℃の油でバジルの葉を素揚げする。ブクブクとした泡がなくなったら上げる。

08 器にスープを盛り、飾り用の野菜をのせる。バジルの葉を飾りEXVオリーブオイルを浮かべる。

Point

バジルの葉をきれいに揚げるためには

バジルの葉は高温の油で揚げると焦げてしまいます。揚げるときは、茎などを少しちぎって試し揚げをして、温度を確認してから葉を揚げましょう。

低温すぎると葉がクタッとしてしまう

丸ごと焼きトマトスープ

材料（2人分）
トマト…大2個（400g）
チキンブイヨン…3/4カップ（150cc）
ベーコン…（ブロック）20g
塩・コショウ…各適量
パルメザンチーズ…大さじ1

ガーリックトーストの材料
バゲット…30g（15cm棒状）
オリーブオイル…大さじ2
にんにく…1片（10g）

飾り
バジル…2枚

01 ガーリックトーストを作る。にんにくをみじん切りにして、オリーブオイルに漬ける。

02 バゲットに01を塗り、アルミホイルを敷いた天板に並べる。余ったにんにくオイルはスープにかけるので、残しておく。

03 トマトはヘタをくり抜き、内側の緑の部分まで取り除いてから耐熱容器に置く。

04 チキンブイヨンを注ぎ、塩・コショウをふる。トマトの穴に3mm幅の棒状に切ったベーコンとパルメザンチーズをのせる。

05 02で残ったにんにくオイルをふりかけ、02の天板に並べて10分焼く。最後にバジルを飾り、バゲットを添える。

Point
トマトはヘタの周りの硬い部分を取り除く

所要時間 15分

Recipe
トマトとにんじんのスープ

材料（2人分）
玉ねぎ…1/3個（60g）
にんじん…2/3本（100g）
完熟トマト…1個（150g）
クミン…一つまみ
チキンブイヨン…2カップ（400cc）
バター…10g
塩・コショウ…各適量

飾り
完熟トマト…上記より適量
バジル…適量

作り方
❶玉ねぎ、にんじんは3mm幅の薄切り、完熟トマトは飾り用に一部残して粗切りにする。
❷鍋にバターを熱し、玉ねぎ、にんじん、塩を入れて炒め、しんなりしたらクミン、トマトを入れて形がなくなるまで炒める。
❸チキンブイヨンを加え、塩・コショウで味つけする。
❹粗熱をとってミキサーにかけ、ざるでこす。
❺器に盛る。飾り用のせん切りにしたバジル、皮と種を取ってひし形に切ったトマトを飾る。

野菜をじっくり炒めるほどおいしくなる

目の粗いざるでトロッとした食感を残す

スープのHOTコラム⑰

トマトのコンソメの残りでトマトソースを作る

ジュレ用のコンソメを取ったあとのトマトの果肉で簡単にもう一品！

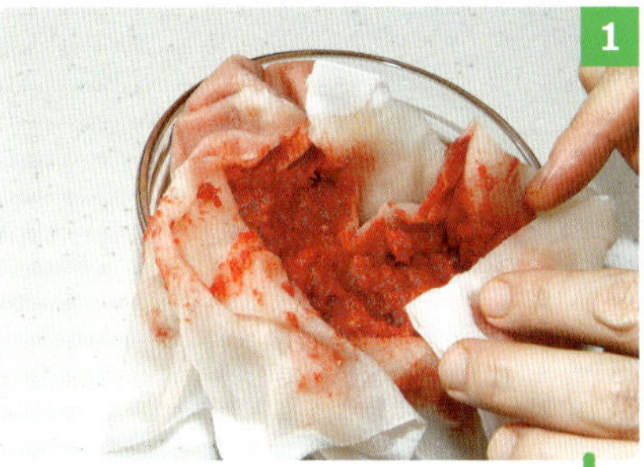

1 さらしに残ったトマトを別の容器に移す。玉ねぎとにんにくはみじん切りにする

2 鍋にオリーブオイルを熱し、にんにくを入れ、香りが出たら、みじん切りの玉ねぎを加えてさらに炒める

3 1のトマトを2の鍋に加える。トマトをこした汁の残りがあればそれも加え、約15分煮詰める

4 塩・コショウで味を調えればできあがり

トマトソースを保存するときは

ふたつきの密閉容器や、ジッパーつきのバッグなどに入れて保存を。冷蔵庫なら約4～5日、冷凍庫なら約1～2か月もつ

トマトを刻む手間なしの簡単・便利なソース

94ページで紹介したトマトのジュレコンソメで、ざるでこしたあとのトマトのこしかすが余ります。これを活用して、簡単にトマトソースを作ることができます。

作り方は、にんにくと玉ねぎを先に炒め、残ったトマトを加えて煮詰めるだけ。このとき、玉ねぎと一緒ににんじんやセロリなどの香味野菜やベーコンを炒めれば、さらに味わい深いソースになります。また、辛いものが好きな人は、にんにくと一緒に赤唐辛子を炒めて、アラビアータソースにするのもおすすめです。

作ったトマトソースはパスタと和えたり、肉、魚料理のソースにしたり、パンに塗って焼いたりと幅広いメニューに使えます。

トマトソースにすると保存性もよくなります。保存容器に入れて冷蔵で4～5日間、冷凍なら1～2か月保存できます。

Potage

ポタージュ10種

基本中の基本だからこそ
バリエーションを押さえたい

くるみのポタージュ（P114）

●フランス●

にんじんのポタージュ（P112）

●フランス●

カリフラワーとかぶのポタージュ（P116）

●フランス●

アスパラガスのポタージュ（P116）

●フランス●

赤パプリカのポタージュ（P115）

●フランス●

甘栗のポタージュ（P118）

●中国●

かぼちゃのポタージュ（P113）

●フランス●

ポタージュ10種

ごまと豆腐のポタージュ（P118）

●日本●

ごぼうのポタージュ（P117）

●日本●

グリンピースのポタージュ（P114）

●フランス●

にんじんのポタージュ

材料（2人分）

玉ねぎ…2/5個（80g）
にんじん…3/4本（110g）
チキンブイヨン…2カップ（400cc）
コリアンダーシード…4粒
オレンジの絞り汁…50g
タイム…1/2枝
オリーブオイル…小さじ2
塩・コショウ…各適量

飾り

オレンジの果肉…3房
セルフィーユ…少々
にんじん…上記より少々
砂糖…小さじ1
バター…5g

01 オレンジは薄皮を取り、実を4等分する。

02 飾り用のにんじんは約3cmの長さが4本作れるよう、きれいに面取りして形を整える。

03 飾り用以外のにんじんと玉ねぎは薄切りにする。02で面取りしたむきくずも一緒にしておく。

04 鍋に02のにんじんと、水少々（分量外）、バター、砂糖、塩・コショウを入れて火にかけグラッセにする。

05 鍋にオリーブオイルを熱し、玉ねぎと塩を入れてしんなりするまで炒める。

06 さらににんじんの薄切りを加えてよく炒め、全体がしんなりしたらコリアンダーシードを加え、タイムの葉をしごき入れる。

07 06にチキンブイヨンを加え、塩・コショウで下味をつけ、約15分煮込む。

08 07をミキサーに入れ、オレンジの絞り汁を加えて30秒ほど撹拌する。

09 液状になったら鍋に戻して温める。
ポ オレンジの果汁を入れてから煮込むと苦みが出るので、長時間火にかけない。

10 器に味を調えたスープを盛り、にんじんのグラッセとレンジで温めたオレンジの実を飾り、セルフィーユを添える。

Point

オレンジの絞り汁は煮込んだあとに加える

所要時間
40分

かぼちゃのポタージュ

材料（2人分）

玉ねぎ…1/5個（40g）
かぼちゃ…150g
りんご…1/6個（50g）
カレンズ（小粒のレーズン）…小さじ1
チキンブイヨン…2·1/2カップ（500cc）
生クリーム…60cc
牛乳…70cc
ラム酒…大さじ1
バター…10g
塩・コショウ…各適量

飾り

かぼちゃ、りんご、生クリーム、カレンズ…上記より各少々

01 かぼちゃは種を、りんごは芯を取って火の通りやすい大きさに切る。

02 霧吹きで水をかけ、ホイルに包み、180℃のオーブンで約20分焼く。

03 焼き上がったら竹串を刺し、すっと通ればかぼちゃとりんごの皮をむく。㋭かぼちゃの皮は青みが残るくらいに薄くむく。

04 かぼちゃとりんごは浮き実用に一部を小さな薄切りにして、残りを粗切りにする。

05 鍋にバターを熱し、薄切りにした玉ねぎに塩を加えて炒め、しんなりしたら04を加える。

06 カレンズとラム酒を加えて軽く混ぜる。カレンズは飾り用に少し残しておく。

07 ラム酒が行きわたったらチキンブイヨンと塩・コショウを加え、約15分煮込む。

08 07をミキサーに入れ、生クリームと牛乳を入れながら撹拌する。器に盛り、りんごとかぼちゃ、カレンズをのせ、生クリームを浮かべる。

Point

ポタージュに甘みが足りないときは

かぼちゃとりんごの甘みを味わうスープなので、味の薄いかぼちゃや酸っぱいりんごを使うと甘みが薄くなります。その場合は砂糖を入れて調節しましょう。

加えるのはミキサーにかけたあとに

Point

かぼちゃの皮は厚くむきすぎない

所要時間 60分

グリンピースのポタージュ

材料（2人分）

ベーコン（ブロック）…30g
玉ねぎ…1/3個（60g）
グリンピース…1・1/4カップ（150g）
レタス…小2枚（30g）
チキンブイヨン…3カップ（600cc）
ローリエ…1枚
バター…10g
塩・コショウ…各適量

飾り

ベーコン、グリンピース、レタス…上記より少々

所要時間
30分

01 レタスは5mm幅、ベーコンは3mm角の棒状に切り、玉ねぎは薄切りにする。

くるみのポタージュ

材料（2人分）

くるみ（皮つき）…150g
チキンブイヨン…2カップ（400cc）
牛乳…75cc
生クリーム…75cc
くるみオイル（またはオリーブオイル）…大さじ1
塩・コショウ…各適量

飾り

くるみ…上記より6個
くるみオイル…小さじ1

所要時間
40分

01 鍋に湯を沸騰させ、くるみを下ゆでする。3～4分ゆでたら水を入れたボウルに上げる。

02 大きく、硬い皮がついている部分は、竹串の先で取り除く。

03 飾り用のくるみを6個、天板に並べ、オーブンでローストし、残りのくるみは粗切りにする。

04 鍋にくるみオイルを熱し、水気を切った残りのくるみを炒める。香りがたってきたら、チキンブイヨンを加えて塩・コショウをふる。

05 04をミキサーに入れ、生クリーム、牛乳を加えて撹拌する。濃度は牛乳の量で調節する。液状になったら鍋に戻して温める。

06 浮き実用のローストしたくるみは粗切りにする。器にスープを盛り、真ん中にくるみを飾って、周りにくるみオイルを浮かべる。

赤パプリカのポタージュ

材料（2人分）

玉ねぎ…1/4個（50g）
赤パプリカ…2/3個（100g）
チキンブイヨン…2·1/2カップ（500cc）
クラッカー（プレーン）…4枚
オリーブオイル…小さじ1
バター…5g
塩・コショウ…各適量

浮き実

赤パプリカ、玉ねぎ…上記より各少々
クラッカー（プレーン）…2枚
パプリカパウダー…少々
イタリアンパセリ…少々

所要時間 30分

01 赤パプリカと玉ねぎを粗みじん切りにする。

02 鍋にオリーブオイルとバターを熱し、01と塩を入れ、しんなりするまで炒める。

03 野菜に火が通ったらチキンブイヨンを加えて塩・コショウで下味をつける。

04 アクを取り、約15分煮込んだら、クラッカーを割り入れる。

05 浮き実用に具を少量取っておき、残りは粗熱を取ってからミキサーに入れ、具の形がなくなるまで撹拌する。

06 ざるでこし、鍋に戻して温める。器にスープを盛り、浮き実用の具と砕いたクラッカー、イタリアンパセリ、パプリカパウダーを飾る。

02 鍋にバターを熱してベーコンを炒め、香りがたってきたら、玉ねぎを加えてしんなりするまで炒める。

03 さらにグリンピース、レタスの順に加えて炒め、塩・コショウで下味をつける。

04 飾り用に少し取り出してからチキンブイヨンを加える。

05 手で切り込みを入れたローリエを入れてから、約15分煮込む。

06 ローリエを取り出し、粗熱を取った05をミキサーに入れ、撹拌する。鍋に戻して温めてから器に盛り、04で取り分けた具材を飾る。

アスパラガスのポタージュ

材料（2人分）

玉ねぎ…1/3個（60g）
長ねぎ（またはポロねぎ）…1本（60g）
じゃがいも…2/5個（60g）
アスパラガス（細いもの）…15本（150g）
チキンブイヨン…2カップ（400cc）
牛乳…100cc
生クリーム…60cc
バター…10g
塩・コショウ…各適量

飾り

アスパラガスの穂先…上記より4本分
帆立貝の貝柱…大1個（40g）
えび（ブラックタイガー）…2尾（60g）
生クリーム…少々
バター…5g

所要時間 40分

01 アスパラガスは根元の硬い部分を折り、穂先を残して茎を小口切りにする。4本分の穂先は下ゆでする。

カリフラワーとかぶのポタージュ

材料（2人分）

玉ねぎ…1/4個（50g）
カリフラワー…1/6株（100g）
かぶ…1個（100g）
チキンブイヨン…2·1/2カップ（500cc）
クリームチーズ…50g
バター…10g
塩・コショウ…各適量

飾り

チャイブ…2本
クリームチーズ…20g
茎つきかぶ…1/2個（50g）
カリフラワー…20g
バター…少々

所要時間 35分

01 玉ねぎは細切り、かぶ、カリフラワーは粗切りにする。飾り用のかぶは皮をむいてくし切りにし、カリフラワーは小房に分ける。

02 鍋にバターを熱し、弱火で玉ねぎ、かぶ、カリフラワーを炒める。チキンブイヨンと塩・コショウを加えて約15分煮込む。

03 飾り用のかぶとカリフラワーを塩ゆでする。

04 少量の湯（分量外）にバター、塩・コショウを溶かし、ゆでたかぶとカリフラワーをからめる。

05 粗熱を取った02をミキサーに入れ、クリームチーズを加えて撹拌する。

06 鍋に戻して温めてから器に盛り、04とチャイブ、飾り用のクリームチーズを飾る。

ごぼうのポタージュ

材料（2人分）

ごぼう…1/2本（100g）
玉ねぎ…1/6個（30g）
長ねぎ(白い部分)…1/3本(30g)
長いも…30g
チキンブイヨン…2·1/2カップ（500cc）
生クリーム…大さじ2
ピーナッツオイル…大さじ1
塩・コショウ…各適量

飾り

ごぼう…上記より
ピーナッツ…6粒
ピーナッツオイル…小さじ1
パセリ…小さじ1

所要時間 30分

01 ごぼうはたわしでよく洗い、輪切りにして酢水につける。

02 玉ねぎ、長いもは薄切り、ごぼう、長ねぎは小口切りにし、鍋にピーナッツオイルを熱し玉ねぎ、長ねぎ、ごぼう、長いもの順に炒める。

03 チキンブイヨンと塩・コショウを入れ野菜が柔らかくなるまで煮込む。飾り用のごぼうを16枚取り出す。

04 浮き実用のピーナッツは170℃のオーブンで10分ローストし、皮をむいて粗く刻む。

05 粗熱を取った03をミキサーに入れ、生クリームを加えて撹拌する。

06 器に盛り、飾り用のごぼう、ピーナッツ、みじん切りにしたパセリ、ピーナッツオイルを浮かべる。

02 長ねぎは小口切りにする。玉ねぎ、皮をむいたじゃがいもは薄切りにする。

03 バターを熱し、02を炒める。チキンブイヨンを加えて塩・コショウをふり、約10分後にアスパラガスを加え、約4分煮る。

04 えびは殻をむいて背わたを取る。帆立貝の貝柱は白い部分を取り除き、2枚に切る。どちらもバットに並べ、塩・コショウをふる。

05 フライパンに飾り用のバターを熱し、えびと帆立貝の貝柱に焼き色がつくまでソテーする。

06 粗熱を取った03をミキサーに入れ、生クリーム、牛乳を加えて混ぜる。ざるでこし、器に盛って05とアスパラ、生クリームを飾る。

Recipe

甘栗のポタージュ

材料（2人分）

玉ねぎ…1/4個（50g）
甘栗（むき実）…100g
十五穀米…大さじ3
チキンブイヨンの粉末…小さじ1
豆乳…500cc
バター…15g
塩・コショウ…各適量

飾り

甘栗…上記より2粒
十五穀米…上記より少量
クコの実…6粒

作り方

❶鍋にバターを熱し、薄切りにした玉ねぎと塩を入れて炒め、しんなりしたら甘栗、十五穀米を加え、さらに炒める。
❷豆乳とチキンブイヨンの粉末を入れて約20分煮る。
❸飾り用の十五穀米を取り出し、残りはそのまま形がくずれてトロッとするまで煮込む。
❹塩・コショウで味を調え、器に盛り、甘栗、十五穀米、クコの実を飾る。

混ぜ過ぎて、甘栗をくずさないよう注意

十五穀米でとろみがつくのでミキサーにかけない

01 長ねぎは小口切り、豆腐は5mm角に切る。

02 鍋にごま油を熱し、黒ごまを炒めて香ばしさを引き出しておく。

03 黒ごまの香りがたったら長ねぎを加えて炒め、しんなりしたらチキンブイヨンを加える。塩・コショウで下味をつけ、約10分煮込む。

04 ミキサーに03を入れ、浮き実用を除いた豆腐、生クリームを加えて撹拌する。

05 鍋に戻して温め、器に盛って豆腐、斜め2cmの長さに切ったチャイブ、黒ごまを飾る。

ごまと豆腐のポタージュ

材料（2人分）

黒ごま…大さじ3
長ねぎ…1/2本（50g）
絹ごし豆腐…2/5丁（100g）
ごま油…大さじ1
チキンブイヨン…2·1/2カップ（500cc）
生クリーム…50cc
塩・コショウ…各適量

飾り

絹ごし豆腐…上記より少々
黒ごま…上記より少々
チャイブ…少々

Point

ごまは香ばしい香りが出るまで炒める

所要時間 20分

Chouder

チャウダー 3種

魚介類や野菜がたっぷりの
アメリカの名物スープ

プラウンチャウダー

マンハッタンクラムチャウダー

ニューイングランドクラムチャウダー

マンハッタン クラムチャウダー

材料（2人分）

あさり…300g
チキンブイヨン…2カップ（400cc）

Ⓐ
- ベーコン（ブロック）…20g
- 玉ねぎ…2/5個（80g）
- にんじん…1/5本（30g）
- セロリ…1/5本（20g）
- ズッキーニ…1/5本（30g）
- じゃがいも…1個（150g）

完熟トマト…大1個（200g）

Ⓑ
- トマトピューレ…大さじ2
- タイム、オレガノ…少々

オリーブオイル…大さじ1
粗塩、コショウ…各適量

飾り

オレガノの葉、あさりの身…上記より少々

Point

あさりの砂、汚れをしっかり落とす

所要時間 30分

01 (準)あさりは砂が出きるまで塩水に漬け、塩をこすりつけて、表面の汚れや砂を取る。水できれいに洗い流す。

02 Ⓐを1cm角に切る。トマトは皮と種を取り1cm角に切る。(ポ)じゃがいもは水につけておく。

03 鍋にチキンブイヨンとあさりを入れて火にかける。口が開いた順に、ひとつずつバットに上げる。煮汁は取っておく。

04 鍋にオリーブオイルを熱しベーコン、玉ねぎ、にんじん、セロリの順で加え粗塩をふりよく炒める。ズッキーニとじゃがいもを炒める。

05 04にあさりの煮汁、完熟トマト、Ⓑを入れ、粗塩、コショウを入れる。さっと混ぜて、途中でアクを取りながら、約15分煮込む。

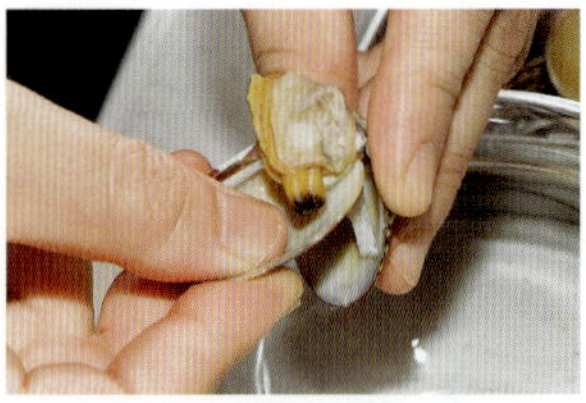

06 あさりの身を取り出す。飾り用に、殻についたままの身を少量残しておく。(ポ)片方の殻で貝柱ごとすくうように外す。

07 05の鍋にあさりの身を入れて軽く煮る。

08 オレガノ、タイムを取り出し、器に盛る。オレガノの葉、殻つきのあさりを飾る。

Mistake!

煮汁に砂が残ってしまった

殻が開いたあさりを取り出すときは、すすぐようにして殻が開いた順に取り出します。ざるを使って行うと、煮汁に落ちた砂が混ざってしまいます。

あさりを全部取り出してからこすとよい

ニューイングランドクラムチャウダー

材料（2人分）

はまぐり…6個（180g）
ベーコン（ブロック）…20g
玉ねぎ…2/5個（80g）
にんじん…1/6本（30g）
セロリ…1/5本（20g）
じゃがいも…小1個（80g）
チキンブイヨン…2カップ（400cc）
バター…20g
薄力粉…大さじ2
生クリーム…60cc
牛乳…80cc
塩・コショウ…各適量

飾り

パセリ…少々
クラッカー（プレーン）…4枚

Point

小麦粉を入れてとろみを出す

所要時間 40分

01 (準)はまぐりは塩水に漬け砂をはかせる。殻の表面に塩をふりこすり洗いする。鍋にはまぐりとチキンブイヨンを入れふたをして煮る。

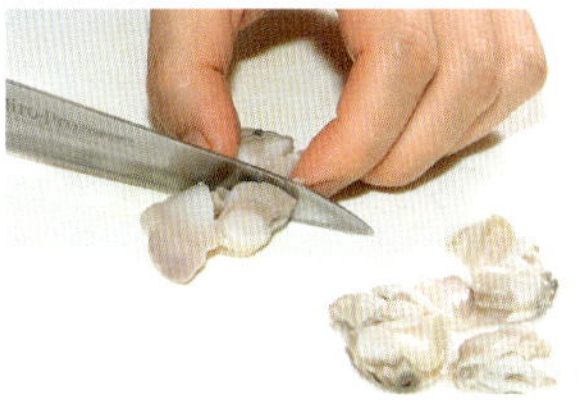

02 口が開いた順に身を取り出す。身が大きい場合は、食べやすい大きさに切る。(ポ)煮汁はだしとして使うので、取っておく。

03 ベーコン、玉ねぎ、にんじん、セロリ、じゃがいもを1cm角の色紙切りに、パセリはみじん切りする。じゃがいもは水につけておく。

04 鍋にバターを熱し、ベーコン、玉ねぎ、にんじん、セロリを炒める。(ポ)色をつけないように、弱火でしんなりするまで炒める。

05 薄力粉を加えて炒める。(ポ)粉気が完全になくなるまで炒める。

06 02で残しておいた煮汁を入れて、鍋底からしっかり混ぜる。水を切ったじゃがいもを入れ、塩・コショウをふり、約10分煮込む。

07 牛乳、はまぐりの身を入れ、ひと煮立ちさせる。

08 生クリームを加え、塩・コショウで味を調える。生クリームはすべて入れずに飾り用に大さじ1杯分取っておく。

09 ポタージュ皿に盛り、08で残しておいた生クリーム、パセリを飾る。

10 2枚のクラッカーを手で砕き、クラムチャウダーの中央にのせる。

プラウンチャウダー

材料（2人分）

えびのだし汁の材料

有頭えび…11尾（300g）
チキンブイヨン…4カップ（800cc）
ブランデー…大さじ1
サラダ油…大さじ1
タイム、ローリエ…各適量

プラウンチャウダーの材料

玉ねぎ…1/3個（65g）
にんじん…2/5本（80g）
じゃがいも…小1個（80g）
薄力粉…大さじ1·1/2
白ワイン…大さじ1·1/3
生クリーム…50cc
バター…20g
さやいんげん…4本（30g）
塩・コショウ…各適量

飾り

セルフィーユ…少々

01 えびのだし汁を作る。有頭えびはさっと洗い、背わたを取り、頭を外す。㋭頭は捨てずにとっておく。

02 鍋にサラダ油を熱し、えびと頭を香ばしく炒める。赤く色づいてきたら、ブランデーを入れて香りをつける。

03 チキンブイヨン、手でちぎったローリエとタイムを入れ、2〜3分煮る。

04 03の鍋からえびを取り出し、えびの身の殻をむく。

05 えびの殻を03の鍋に戻す。アクが出てきたら、レードルで取りながら15分煮る。

06 玉ねぎ、にんじん、じゃがいもを5mm×2cmの棒状に切る。いんげんは2cm幅に切り、塩ゆでする。じゃがいもは水につけておく。

07 鍋にバターを熱し、玉ねぎ、にんじん、じゃがいもの順で炒める。しんなりしたら薄力粉を加え、粉気がなくなるまで炒める。

08 白ワインを入れてアルコール分を飛ばしたら、05をざるでこしながら入れる。

09 04で取り出したえびを2等分して、いんげんと一緒に08の鍋に入れる。塩・コショウで下味をつける。

10 軽く煮込み、生クリームを加え、全体をざっと混ぜる。器に盛り、セルフィーユを飾る。

Point

えびの身、殻から
しっかりだしを取る

所要時間
50分

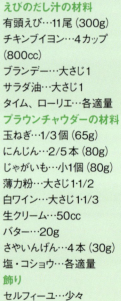

コーンスープ アメリカ風

●アメリカ●

Corn Soup

コーンスープ3種

プチプチとした食感と素朴な甘さは
スープの中でも人気上位に

パオミータン

●中国●

粒コーンスープ

●日本●

コーンスープ アメリカ風

材料（2人分）

コーンのだし汁の材料

とうもろこしの芯…2本分
玉ねぎ…1/4個（50g）
水…1ℓ
にんにく…1/2片（5g）
黒粒コショウ…3粒
タイム、ローリエ…各適量

コーンスープの材料

コーンのだし汁…上記より
とうもろこしの実…上記より
玉ねぎ…1/2個（100g）
長ねぎ(白い部分)…1/4本(25g)
バター…15g、塩・コショウ…各適量

コーンスープ アメリカ風

所要時間 70分

01 とうもろこしは皮をむき、ひげを外す。粒を芯から切り落とし、粒のつけ根部分（コーンミルク）を包丁のみねで削るようにそぎ落とす。

02 3等分に切ったとうもろこしの芯、くし型切りにした玉ねぎ、にんにく、水、タイム、ローリエ、黒コショウを鍋に入れて30分煮る。

03 とうもろこしのひげの白い部分を170℃の油で揚げる。揚げ色がつくまで箸で混ぜる。キッチンペーパーに上げ、油を切る。

04 鍋にバターを熱し、薄切りにした玉ねぎ、小口切りにした長ねぎを炒める。塩を入れてしんなりするまでよく炒める。

05 04にとうもろこしの粒、コーンミルクを入れて炒める。浮き身用の粒を少し取っておく。

06 05をよく炒めたら02のだし汁をざるでこしながら加える。塩・コショウで下味をつけ、ゴムべらで混ぜながら15分煮込む。

07 水を入れた大きめのボウルで粗熱を取る。

08 07をミキサーにかける。なめらかになったらざるでこす。(ポ)ゴムべらでミキサーについたものもすべて取ること。

09 コーンの透明な皮だけが残るまでしっかりこし、ざるの裏側も取る。温めて器に盛り、03、浮き実用のコーン、チャイブを飾る。

パオミータン

材料（2人分）

コーン(缶詰のクリームタイプ)…150g
長ねぎ（白い部分）…大さじ1
かにの身…15g
ロースハム…1・1/2枚（30g）
酒…大さじ1/2
鶏がらスープ…1·1/2カップ(300cc)
牛乳…75cc、水溶き片栗粉…大さじ1/2
溶き卵…1/2個分（30g)、サラダ油、粗塩、塩・コショウ…各適量

バリエーション

Recipe

粒コーンスープ

材料（2人分）

粒コーン（冷凍）…1カップ（100g）、ベーコン（ブロック）…30g、玉ねぎ…1/6個（30g）、ズッキーニ…1/5本（30g）、じゃがいも…1/5個（30g）、チキンブイヨン…2·1/2カップ（500cc）、ローリエ…1枚、バター…15g、塩・コショウ…各適量

浮き実

チェダーチーズ…20g、乾燥とうもろこし…20粒、イタリアンパセリ…少々、サラダ油、塩…各適量

作り方

❶ベーコン、玉ねぎ、ズッキーニ、じゃがいもを1cm角に切る。❷鍋にバターを熱し、①、コーンを炒め、チキンブイヨン、ちぎったローリエ、塩・コショウを入れて15分煮る。❸フライパンにサラダ油を熱し、乾燥とうもろこしを入れてふたをする。❹乾燥とうもろこしが膨らんだらキッチンペーパーで油を取り、塩をふる。❺器に②を盛り、ポップコーンとチェダーチーズ、イタリアンパセリを飾る。

野菜がしんなりするまでしっかり炒める

ポップコーンはふたをしないと飛び散る

パオミータン

所要時間 15分

01 かにの身を手で細かくほぐす。

02 長ねぎは粗みじん切りに、ロースハムは細切りにする。

03 中華鍋にサラダ油を熱し、長ねぎを入れて炒める。ロースハム、かにの身を入れてさらに炒める。

04 酒を入れて香りをつけ、クリームタイプのコーンを入れてゴムべらで混ぜる。

05 鶏がらスープ、粗塩、コショウを入れてよく混ぜる。

06 05に牛乳を入れる。

07 水溶き片栗粉を2回に分けて入れ、スープにとろみをつける。

08 弱火にし、溶き卵をざるでこしながら少しずつ加える。

09 火を止め、静かに混ぜる。塩・コショウで味を調えて器に盛る。

スープのHOTコラム⑱

スープのテイストで異なるとろみのつけ方

トロッとした「濃度」のつけ方は料理の種類によって変えます

片栗粉でつける場合

片栗粉のほか、コーンスターチでもとろみをつける。これらは、そのまま入れるのではなく、水で溶かしてデンプン質を変化させてから加える

へらで混ぜながら入れる

水と片栗粉は１対１の割合で混ぜる

ご飯・パンでつける場合

ご飯やパンに含まれるデンプン質を利用してとろみをつける。あとでこしたりミキサーにかけたりするスープに使う。パンを入れる場合は細かくちぎってから入れる

ビスクの場合は、煮汁に直接入れる

ミキサーにかける場合は、材料と一緒に

薄力粉でつける場合

具を炒めるときに薄力粉を直接入れる方法がひとつ。または、薄力粉とバターを合わせたルウを使う方法もある。薄力粉をよくふるってから入れること

材料に入れて炒めて液体で溶きのばす

ルウにしたものを、ブイヨンで溶く方法も

好みの仕上がりに合わせたとろみのつけ方

スープにとろみをつけるのは、食欲を増進させたり、保温効果を高めたりするためです。また、料理の仕上がりをよくする効果もあり、例えば中華スープで溶き卵を散らす際は、とろみがあることで、卵が浮かずに仕上がります。

とろみをつける方法というと片栗粉が有名ですが、それだけではありません。例えば、コーンスターチにも片栗粉と同じような効果があり、どちらもあっさりとした透明なスープを作るときに適しています。薄力粉とバターを炒めて作るルウは、シチュー系や煮込み系のスープがベスト。油脂が含まれているので、コクを出したいときに便利です。ポタージュなどの最後の仕上げに生クリームや卵黄を加えることもあります。

このように、スープの最終的な味わいや種類によって、とろみのつけ方を変えることが大切です。

第4章

世界のスープ

Bean Soup

豆のスープ７種

**ボリュームある豆はスパイシーで
エスニックな味付けにピッタリ**

豆乳スープ（P135）

●台湾●

空豆のスープ（P136）

●イタリア●

チリコンカン（P134）

●アメリカ●

白いんげん豆のスープ（P136）

●スペイン●

赤レンズ豆のスープ（P134）

●トルコ●

レンズ豆のポタージュ（P133）

●フランス●

豆のスープ７種

サンバール（P132）
（南インドの豆スープ）

●インド●

サンバール（南インドの豆スープ）

材料（2人分）

アルハル・ダル（キマメ）…50g
水…2カップ（400cc）
フェヌグリーク（甘い香りのスパイス）…小さじ1
サラダ油…小さじ1
タマリンド…大さじ2
熱湯…60cc
ココナッツミルク…100cc
クミンシード…小さじ1
コリアンダーシード…小さじ2
唐辛子…1/2本（1.5g）
水…70cc
塩・コショウ…各適量

スープの具の材料

なす…小1本（60g）
オクラ…4本（30g）
玉ねぎ…1/3個（60g）
にんじん…1/3本（60g）
ターメリック…小さじ1/3
トマト…大1/2個（100g）
シャンツァイ…少々
サラダ油…大さじ1·2/3

01 準アルハル・ダルを2カップの水に一晩浸けて戻す。

02 タマリンドウォーターを作る。タマリンドに熱湯を加えてほぐし、そのまま20分浸してから、ざるでこす。

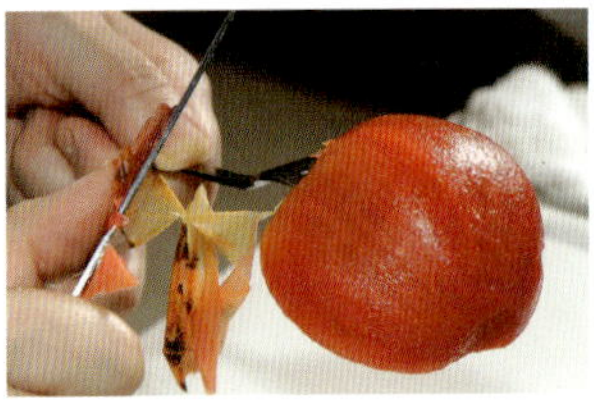

03 トマトはヘタにフォークを突き刺してコンロの火であぶり、皮をむく。種を取り、2cm角に切る。

04 玉ねぎ、にんじん、なすは2cm角に切る。なすは塩をまぶし水分が出たら水で洗う。オクラはヘタとうぶ毛を取り2cm幅の輪切りにする。

05 鍋にサラダ油を熱し、フェヌグリークを軽く炒める。そのあと、アルハル・ダルを戻し汁ごと加えて約30分煮る。

06 ちぎった唐辛子、コリアンダーシード、クミンシード、ココナッツミルク、水をミキサーに入れて撹拌する。

07 鍋にサラダ油を熱し、玉ねぎ、にんじん、なすを炒める。火が通ったらコショウ、ターメリックを加え、さらにオクラを入れて炒める。

08 07の鍋に02と05を煮汁ごと、06、塩、トマトを加え、野菜が柔らかくなるまで煮る。器に盛り、シャンツァイを飾る。

Point

浮いてきたアクは取らなくてもいいの？

インド料理のスープはスパイシーで味が強いので、アクを取っても取らなくても味にほとんど影響なし。ただし、気になる人は取ってもかまいません。

本場ではアクも味のうちと考える

Point

トマトをあぶり風味を出す

所要時間 50分

レンズ豆のポタージュ

材料（2人分）

レンズ豆…1カップ（150g）
ベーコン（ブロック）…30g
チキンブイヨン…3·1/2カップ（700cc）
玉ねぎ…1/5個（40g）
にんじん…1/7本（20g）
セロリ…1/10本（10g）
生クリーム…30g
バター…5g
パセリの茎…少々
ローリエ…少々
塩・コショウ…各適量

浮き実

レンズ豆、ベーコン…上記より各少々
生クリーム…上記より大さじ1杯分
パセリのみじん切り…少々

01 レンズ豆を水で洗ってざるに上げる。

02 にんじんは1cm幅の輪切り、玉ねぎは2cm幅のくし切り、セロリは2cmの長さに切る。ベーコンは3mm幅の棒状に切る。

03 鍋にバターを熱し、ベーコンを炒める。香ばしく炒めたらチキンブイヨンを入れる。

04 01とにんじん、玉ねぎ、セロリを入れ、手で切り込みを入れたローリエとパセリの茎を加えて20分煮る。アクはこまめに取る。

05 分量の1/3の量のレンズ豆とベーコンを浮き実用に取り出す。

06 にんじん、玉ねぎ、セロリ、ローリエ、パセリの茎は香りづけ用なので、すべて取り除く。

07 残りのスープを、氷水を入れたボウルに鍋ごとあてて、粗熱を取る。

08 粗熱が取れたらスープをミキサーにかけ、ざるでこす。ざるの裏側もしっかり取る。

09 鍋に戻して火にかけ、浮き実用に取っておいたレンズ豆とベーコンを加える。

10 大さじ1杯分を残した生クリームを加え、味を見て塩・コショウで調節する。器に盛り、残りの生クリームとパセリを飾る。

Point

スープはざるごしして
薄皮を取る

所要時間
35分

チリコンカン

材料（2人分）

レッドキドニービーンズ…60g
牛ひき肉…100g
玉ねぎ…1/2個（100g）
にんにく…1/3片（3g）
ホールトマトの水煮（ざるごしする）…100g
ビーフブイヨン…2·1/2カップ（500cc）
チリパウダー…小さじ1/2
クミンパウダー…小さじ1/2
ローリエ…1枚
パプリカパウダー…小さじ2/3
カイエンヌペッパー…少々
オレガノ…少々
塩・コショウ、サラダ油…各適量

飾り

クミンホール…少々
あさつき…少々

所要時間 40分

01 水（分量外）に一晩浸して戻したレッドキドニービーンズを、戻し汁ごと鍋に入れて40分煮る。

赤レンズ豆のスープ

材料（2人分）

赤レンズ豆…2/5カップ（70g）
玉ねぎ…1/4個（50g）
トマトペースト…大さじ1/3
パプリカパウダー…小さじ1/3
クスクス…15g
バター…5g
薄めのチキンブイヨン…3·1/2カップ（700cc）
ドライミント…小さじ1/2
ドライエストラゴン…小さじ1/2
粗切りのチリ（トルコの唐辛子）（なければパプリカパウダー）…少々
塩・コショウ…各適量

飾り

パプリカパウダー、ドライミント、ドライエストラゴン…上記より各少々

所要時間 40分

01 赤レンズ豆は水で洗い、ざるに上げる。

02 鍋にバターを熱し、みじん切りにした玉ねぎを炒める。火が通ったらパプリカパウダーを加え、よく炒める。

03 02の鍋に、薄めのチキンブイヨンを加える。

04 赤レンズ豆とトマトペーストを加え、よく混ぜてから20分煮込む。㋭塩を加えると豆が硬くなるので、この段階では調味をしない。

05 豆が柔らかくなったら、クスクス、粗切りのチリ、エストラゴンを加える。

06 ドライミントを加え、ひと混ぜしてから味見をして塩・コショウで味を調節する。器に盛り、飾りのスパイスをかける。

豆乳スープ

材料（2人分）

豆乳…2·2/5カップ（480cc）
干しえび…大さじ1
にんにく…1片（10g）
ザーサイ…20g
川麩（なければ車麩）…2個
ラー油…小さじ1
黒コショウ…少々
酢…小さじ4
塩、サラダ油…各適量

飾り

万能ねぎ（小口切り）…1本
シャンツァイ…少々

所要時間 20分

01 にんにくは薄切り、干しえびは粗みじん切りにする。ザーサイは細切りにする。万能ねぎは水に漬け、シャンツァイは葉を取る。

02 フライパンにサラダ油を熱し、にんにくと干しえびを揚げるように、ほんのり色づくまで炒めて、ざるに上げる。

03 02の油は捨てずにフライパンに戻し、川麩を揚げるように炒める。色づいてきたらキッチンペーパーに上げ、油を切る。

04 盛りつける器にラー油、酢、塩を入れ、黒コショウをふる。

05 鍋に豆乳を入れ、沸騰直前まで温めて04の器に注ぐ。

06 にんにく、干しえび、川麩、ザーサイをトッピングし、シャンツァイの葉と小口切りにした万能ねぎを飾る。

02 鍋にサラダ油を熱し、みじん切りのにんにく、玉ねぎ、塩を加えてしんなりするまで炒める。

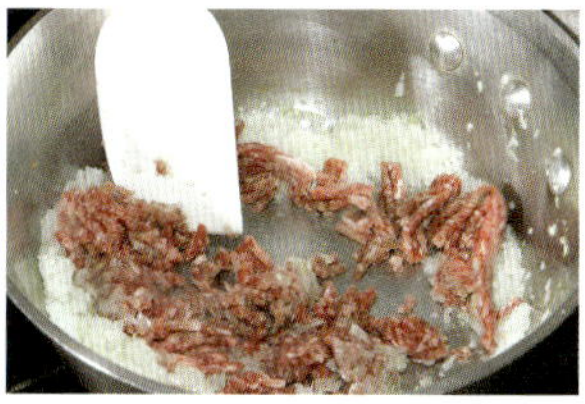

03 玉ねぎがしんなりしたらひき肉を加えて炒め、火が通ったらチリパウダー、クミンパウダー、カイエンヌペッパーを加える。

04 さらにパプリカパウダー、オレガノを加えて、香りが出るまでよく炒める。

05 香りが出たらビーフブイヨンを入れ、ローリエ、塩、トマトの水煮を加えて水分を飛ばしながら15分煮込む。

06 01の豆を加え、汁気が足りなければ豆のゆで汁を加える。器に盛り、斜め切りにしたあさつきとクミンホールを飾る。

白いんげん豆のスープ

材料（2人分）

白いんげん豆…1/5カップ（40g）
パンチェッタ（なければベーコンで可）…80g
チョリソーソーセージ…1本
玉ねぎ…1/4個（50g）
じゃがいも…1/3個（50g）
ほうれん草…1/5束（40g）
パプリカパウダー…大さじ1
タイム…1/2枝
ローリエ…1/2枚
オリーブオイル…大さじ1
にんにく…1/3片
白ワイン…25cc
チキンブイヨン…2·1/4カップ（450cc）
塩・コショウ…各適量
バゲット…50g

01 白いんげん豆は洗ってから水（分量外）に一晩浸して戻し、鍋に戻し汁ごと入れて火にかける。柔らかくなるまで約40分ゆでる。

02 玉ねぎ、じゃがいもは1cm角、ほうれん草は3cm長さ、チョリソーは5㎜幅の輪切り、パンチェッタは8㎜角の棒状に切る。

03 鍋にオリーブオイルを熱しにんにくを炒めて香りを出す。パンチェッタとチョリソー、玉ねぎを炒めたらパプリカパウダーを加える。

04 パプリカの香りがたったら白ワインを加えてよく混ぜる。チキンブイヨン、タイム、ローリエを入れ、塩・コショウをふって30分煮込む。

05 じゃがいもと01の白いんげん豆を入れ10分煮込む。2～3cm角に切って焼いたバゲットとほうれん草を加え1～2分煮て、器に盛り、パプリカパウダーをふる。

Point

玉ねぎやにんにくをよく炒めて香りを引き出す

所要時間 60分

Recipe

空豆のスープ

材料（2人分）

ファーヴァ（皮なし乾燥空豆）…2/3カップ（75g）、水…4カップ（800cc）、ポロねぎ…1/3本（60g）、にんじん…1/6本（30g）、サラミ…4枚（20g）、生ハム（ブロック）…20g、マジョラム…小さじ1/2、白ワイン…大さじ1·1/3、チキンブイヨンの粉末…小さじ2/3、にんにく…1片（10g）、オリーブオイル…大さじ1、オレガノ…1枝、塩・コショウ…各適量

作り方

❶ファーヴァは4カップの水に一晩浸して戻す。
❷ポロねぎ、にんじん、サラミ、生ハムは1cm角の色紙切りにする。生ハムに硬くて食べられない部分がある場合は取っておく。
❸鍋にオリーブオイルを熱し、みじん切りのにんにくと、あれば生ハムの硬い部分を炒める。
❹②を加えて炒め、マジョラム、白ワインを加える。
❺①を戻し汁ごと加え、チキンブイヨンの粉末を入れて25分煮る。
❻アクを取り、塩・コショウで味を調節し、オレガノを飾る。

生ハムの硬い部分を炒めると香りが出る

マジョラムは豆の煮込みには欠かせない

スープのHOTコラム⑲

世界の豆を分類すると……

スープに限らずどんな料理にも合う豆は、ぜひ常備しておきましょう

何百種類もある豆は栄養満点の優秀食材

豆の種類は、１万８０００種以上にのぼるといわれ、さまざまな調理法で世界中で使われています。栄養面でも優秀で、良質なタンパク質をはじめ、食物繊維、ビタミンB群などが豊富に含まれています。ゆで豆や煮豆は、ゆで汁を捨てて調理をするために栄養素が失われがちですが、スープに使えば、豆の栄養素を残さずとれるので、毎日でも食べたいところ。

いんげん豆など皮が硬いタイプは、一晩水に浸したあとさらに下ゆでして、ゆで汁ごと使います。レンズ豆のように皮が薄く柔らかい豆は、戻す作業が必要なく、煮込み料理ではそのまま使えます。レンズ豆や緑豆は皮むきタイプもあるので、用途に合わせて使います。豆のなかでもデンプン質が多い花豆や金時豆をスープに使うときは、煮過ぎると煮くずれするので、気をつけましょう。

ビスク（P140）

●フランス●

Fish Soup

魚のスープ5種

さまざまな魚介から出るだしを
余さずスープに絞り出して

サーモンスープ（P141）

●フィンランド●

サルスエラ（P144）

●スペイン●

ズッパディペッシェ（P142）

●イタリア●

ムール貝のサフラン風味スープ（P145）

●フランス●

ビスク

材料（2人分）

わたりがに…2杯（300g）
玉ねぎ…1/3個（60g）
にんじん…中1/7本（20g）
セロリ…1/6本（15g）
トマトの水煮（ざるごしする）…180g
ごはん…60g
魚のだし汁…2カップ（400cc）
チキンブイヨン…2カップ（400cc）
生クリーム…大さじ2
ブランデー…小さじ2
にんにく…1/2片（5g）
白ワイン…大さじ2·2/3
バター…5g
オリーブオイル…大さじ1
カイエンヌペッパー…少々
タイム、ローリエ、塩…各適量

飾り

ディル…少々、生クリーム…少々

Point

かには生臭い部分をしっかり落とす

所要時間 60分

かにの下処理

1 わたりがにはたわしでこすりながら、しっかり水洗いする。

2 前掛けに手をかけて甲羅を外し、えらを取る。えらの下に砂が入っているのでよく洗い落とす。

3 甲羅からかにみそをスプーンでかき出す。新鮮なかにを使う場合は好みでスープに加える。

4 ふんどし（胴体裏の下の部分）に排泄物が詰まっているので、指で押し出す。

5 かにの胴体と脚をぶつ切りにする。(ポ)つめや足の先は包丁で切りにくいので、キッチンばさみを使う。

01 わたりがにを下処理してざるに上げ、しっかり水を切る。(ポ)水分が残っていると、炒めるときに油がはねるので注意。

02 フライパンにオリーブオイルを煙が出るまで熱し、強火でかにを炒める。身が赤くなったら火を弱め、ブランデーを入れて香りをつける。

03 02にバターを溶かし、薄切りにした玉ねぎ、にんじん、セロリ、にんにくを加えて甘みが出るまでじっくり炒め、白ワインをふる。

04 トマトの水煮、チキンブイヨン、魚のだし汁、タイム、手で切り込みを入れたローリエ、ごはんを加え約15分煮込む。

05 途中でアクを取る。かにの胴体を取り出し、中の身を取り出してほぐしたら殻を鍋に戻す。

06 シノワにうつし、スープと液体に分ける。具を木べらで押し、残ったスープを押し出す。

07 06の具をフライパンに戻し、あたり棒などの面の広い棒で押しつぶす。

08 07と06のスープを合わせて、つぶした具から味を引き出す。ひと混ぜしたら再度シノワでこす。

09 カイエンヌペッパー、生クリームを加える。濃度が足りないときは、水で溶いたコーンスターチ（分量外）を入れてとろみをつける。

10 塩で味を調節し、レンジで温めた05のかにの身とディルを飾り、生クリームを浮かべる。

サーモンスープ

材料（2人分）

白鮭…大1切れ（120g）
玉ねぎ…1/4個（50g）
じゃがいも…小1（80g）
魚のだし汁…2カップ（400cc）
ディルの茎…1枝分
牛乳…100cc
生クリーム…60cc
バター…10g
塩・コショウ…各適量

飾り

ディルの葉…上記から少々
スモークサーモン…4枚（60g）

01 玉ねぎ、じゃがいもを5㎜角に切り、じゃがいもは水につける。白鮭は一口大に切って塩・コショウをふる。

02 鍋にバターを熱し、玉ねぎ、じゃがいもの順にじっくりと炒める。魚のだし汁、ディルの茎を加えて塩・コショウをふる。

03 約10分煮たらアクを取り、白鮭を入れて弱火で軽く煮る。

04 白鮭に火が通ったら、牛乳、生クリームを加え、塩・コショウで味を調える。

05 器に盛り、スモークサーモンとディルの葉を飾る。

Point

サーモンの身を
煮くずさない

所要時間
30分

ズッパディペッシェ

材料（2人分）

かさご…1尾（200g）
赤座えび…2尾（130g）
あさり…大7個（100g）
やりいか…1杯（250g）
玉ねぎ…1/6個（30g）
にんじん…1/7本（20g）
セロリ…1/10本（10g）
魚のだし汁…4カップ（800cc）
サフラン…1つまみ
トマトの水煮…80g
マッシュルーム…2個（15g）
にんにく…1/2片（5g）
オリーブオイル（野菜用）…小さじ1
オリーブオイル（魚介用）…大さじ1
バター（野菜用）…5g
バター（魚介用）…10g、強力粉（魚介用）、塩・コショウ…各適量

飾り

ディル…少々

Point

焼いた魚介の旨みを残さずスープに溶かす

所要時間 70分

01 赤座えびは頭の付け根の真ん中に包丁の先を差し込み、そのまま包丁をおろして頭を2つに割る。

02 胴体も同じように割って開き、背わたと胃袋を取り除く。

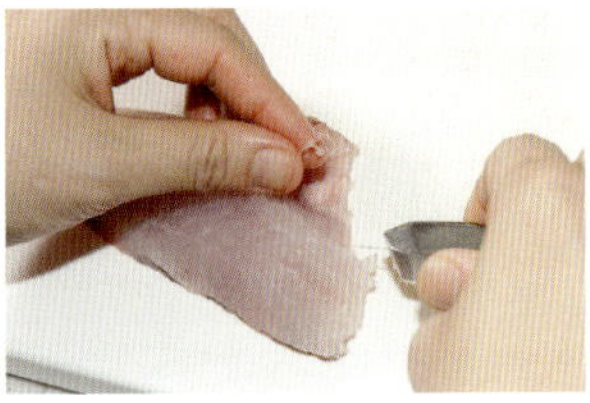

03 かさごはうろこと内臓を取り、3枚におろし、骨抜きで小骨を抜く。

04 頭を落とした角度と平行に、身を3等分する。

05 サフランをから炒りして指の腹でつぶし、粉々にする。

06 玉ねぎ、にんじん、セロリを2㎜幅の細切りにする。マッシュルームは薄切りにする。にんにくは包丁の腹などでつぶす。

07 鍋にオリーブオイルとバターを熱し、にんにくの香りを出してから玉ねぎ、にんじん、セロリを炒める。塩を加えてしんなりさせる。

08 野菜をしっかり炒めたら、マッシュルームを加えてさらに炒める。

09 魚のだし汁を加えて塩・コショウで下味をつける。トマトの水煮を加え、アクを取りサフランを加え約15分煮込む。

10 切ったいか、赤座えび、かさごに塩・コショウをふる。かさごは裏返して皮にもふる。

いかの下処理

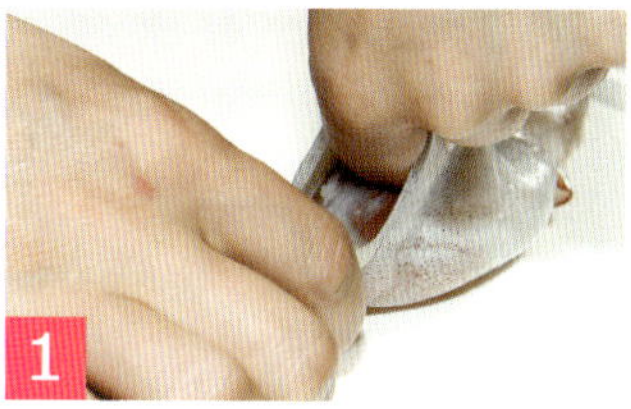

1 いかの胴体を広げて指を入れ、人差し指と親指でエンペラを押さえ、胴体とげそを静かに外す。

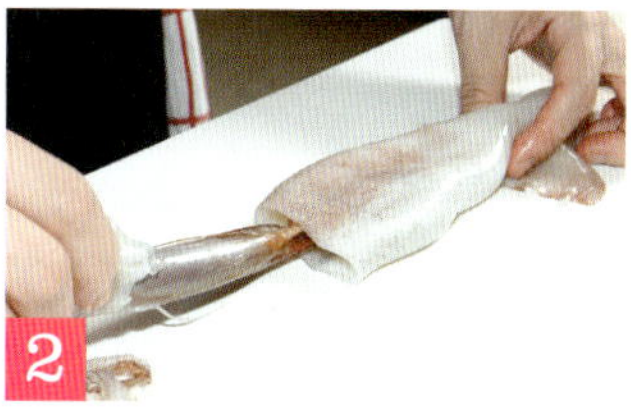

2 げそのつけ根を持ち、片手でエンペラを押さえながら、内臓ごとげそを引き抜く。

3 目の下のところでげそを切り離す。

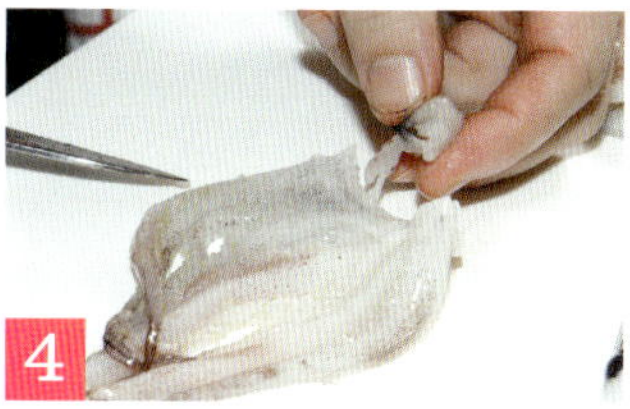

4 げそを開き、トンビ（口）を取り除く。

5 吸盤の大きい2本の足を切り離す。小さな吸盤は包丁のみねでこそげ取る。

6 エンペラを持ち上げ、胴体とエンペラの間に指を差し込んで、胴体の先とエンペラを切り離す。

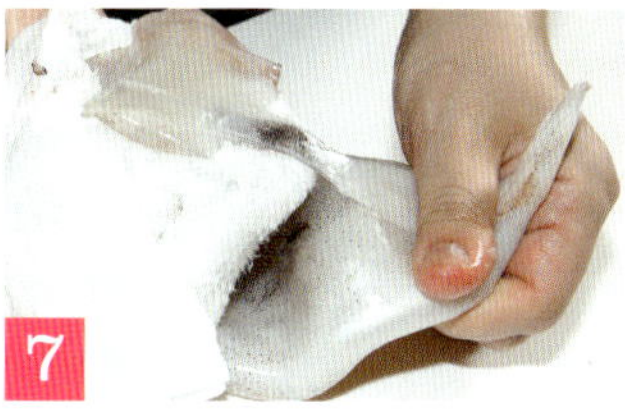

7 エンペラをタオルやふきんでつかみ、引っ張ってはがし取る。そのままタオルを使って胴体の皮をむく。

8 エンペラの先の軟骨を包丁で切り取り、その切れ目からエンペラの薄皮をむく。

9 胴体の中にある軟骨を引き抜く。

10 胴体の部分を輪切りに、エンペラは棒状に、それぞれ1cm幅に切る。げそは2本ずつ切り離す。

11 いかとかさごに強力粉をまぶす。

12 フライパンにオリーブオイルとバターを熱し、魚介類を焼く。ポかさごは身が丸まってくるので、フライ返しで押しつけながら焼く。

13 魚介の表面がこんがり焼けたら、08のスープに加える。

14 砂をはかせ、殻を洗ったあさりを加えて煮立たせ、口を開ける。

15 アクを取り、塩・コショウで味を調えたら、器に盛り、ディルを飾る。

サルスエラ

材料（2人分）

白身魚の切り身…100g
赤座えび…2尾（130g）
ムール貝…4個（120g）
こういか…小4杯（100g）
いいだこ…小2杯（80g）
帆立貝の貝柱…2個（60g）
玉ねぎ…1/2個（100g）
完熟トマト…大1個（200g）
ハモンセラーノ（生ハム）…10g
魚のだし汁…2·1/2カップ(500cc)
シェリー酒（ドライ）…50cc
にんにく…1/3片（3g）
オリーブオイル…大さじ1
オリーブオイル（魚介用）…小さじ1
バター（魚介用）…5g
塩・コショウ…各適量

アーモンドのピカーダ
アーモンドスライス…大さじ2
サフラン…小さじ1/4
にんにく…1/3片（3g）
松の実…5粒
パセリ…大さじ1
パン粉…大さじ2

Point
アーモンドピカーダで
コクをつける

所要時間
40分

01 赤座えびは背わたを抜く。帆立貝は貝柱の白い部分を取る。白身魚は一口大に切り、ムール貝はよく洗って足糸を取る。

02 サフランはから炒りして、粗熱をとったら、指で粉々につぶす。

03 アーモンドスライスと松の実、パン粉を170℃のオーブンで約10分ローストする。

04 鍋に魚のだし汁とシェリー酒を入れ、ムール貝を口が開くまでゆでる。口が開いたらバットに上げ、片方の殻を外す。

05 鍋にオリーブオイルを熱し、みじん切りにしたにんにく、ハモンセラーノ、玉ねぎを炒める。準 トマトは湯むきをして角切りにする。

06 05の鍋に、04のゆで汁をざるでこしながら加え、軽く混ぜる。

07 アーモンドピカーダを作る。あたり鉢に、03と02、みじん切りにしたパセリとにんにくを入れ、あたり棒でする。

08 フライパンにバター、オリーブオイルを熱し、塩・コショウした魚介類を両面に焼き色がつくまで強火で焼く。

09 08のフライパンに、06とトマトの角切りを加える。

10 アクを取り、07のアーモンドピカーダ、04のムール貝を加え軽く混ぜたら、器に盛る。

ムール貝のサフラン風味スープ

材料（2人分）

ムール貝…14個（400g）
玉ねぎ…1/3個（60g）
にんじん…1/3本（50g）
セロリ…1/3本（30g）
長ねぎ（白い部分）…50g
魚のだし汁…150cc
チキンブイヨン…1・1/2カップ（300cc）
完熟トマト…小1個（80g）
生クリーム…20cc
白ワイン…50cc
にんにく…1/3片（3g）
オリーブオイル…小さじ2
バター…5g
パセリのみじん切り…大さじ1/2
サフラン…ひとつまみ
塩・コショウ…各適量

ブーケガルニの材料

タイム…1枝
ローリエ…1枚
パセリの茎…少々
セロリ…少々

01 ムール貝は金だわしで洗い、足糸を抜く。鍋にムール貝と白ワイン、チキンブイヨンと魚のだし汁を入れて煮る。

02 01のムール貝は、口が開いたら取り出し、殻から身を外す。

03 サフランはから炒りして粗熱を取り、指で粉々にする。準にんにくはまな板でつぶしておく。

04 鍋にオリーブオイルとバターを熱し、にんにくを炒める。香りが出たらせん切りにした玉ねぎ、長ねぎ、にんじん、セロリを炒める。

05 野菜がしんなりしたら、02のゆで汁をざるでこしながら加える。

06 ブーケガルニの材料をひもで束ね、05の鍋に加える。

07 皮と種を取り、5㎜角に刻んだトマトと、03のサフランを加えて、約10分煮込む。途中でアクを取る。

08 10分経ったら02のムール貝を加える。

09 生クリームを加え、塩・コショウで味を調える。

10 器に盛りつけ、パセリを散らす。

Point

ムール貝の風味を生かして味つけは薄めに

所要時間 40分

手羽先とレバーと麦のスープ（P151）

●ドイツ●

Meat Soup

肉のスープ６種

アクや脂をしっかり取り去り
旨みだけを取り出すのがコツ

シュルパ（P152）

●ウズベキスタンやイスラム圏●

サムゲタン（P148）

●韓国●

オックステールスープ（P153）

●イギリス●

スープ入り
ボッリートミスト（P152）

●イタリア●

肉団子のスープ（P150）

●中国●

サムゲタン

材料（2人分）

ひな鶏（地鶏）…1羽（700g）
もち米…2/3カップ（100g）
乾燥朝鮮人参…小2～3本
はすの実…8個
干しなつめ…2個
にんにく…2片（20g）
クコの実…8粒
松の実…8粒
乾燥栗…4個
水…1.5ℓ
あさつき、塩・コショウ…各適量

01 はすの実、干しなつめは30分、乾燥栗は一晩水に漬けて戻す。もち米は洗って30分水に漬けてからざるに上げて、水を切る。

02 もち米に、はすの実と干しなつめ、にんにく、クコの実、松の実、乾燥栗、朝鮮人参を加えて混ぜる。

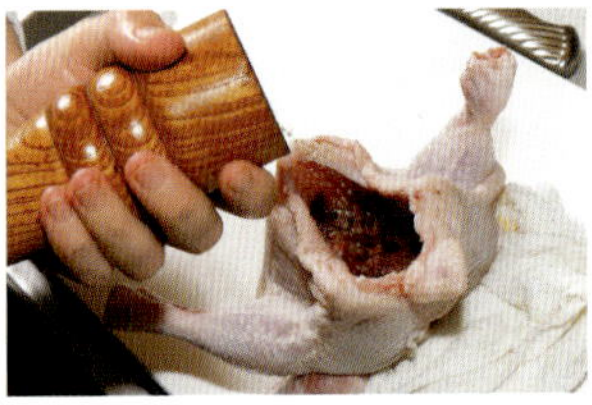

03 下処理したひな鶏の尻の穴に、塩、コショウをふる。

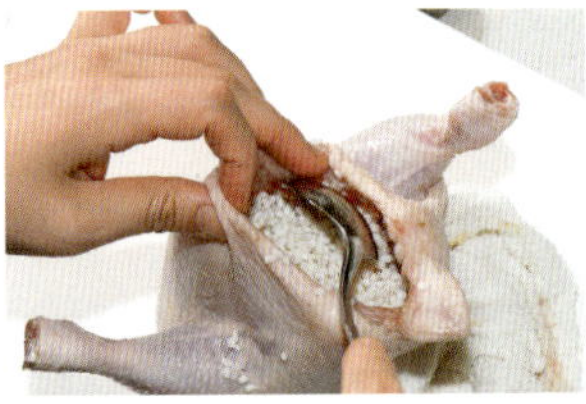

04 02をひな鶏につめる。㋭あとから皮を閉じるので、具を7分目程度入れる。㋭米がふくらむので無理につめないこと。

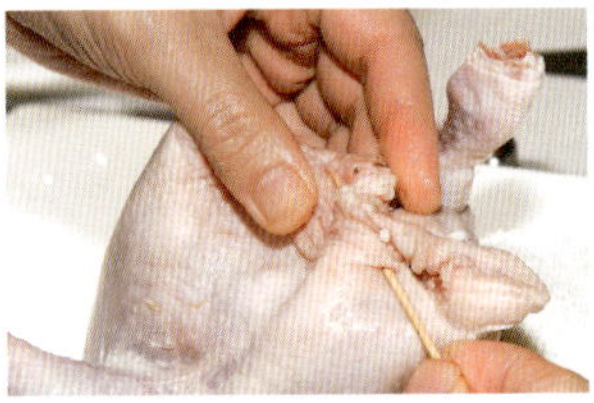

05 お尻の皮をたたんで穴をふさぎ、つまようじで止める。

06 首の皮も背中につまようじで刺して止める。

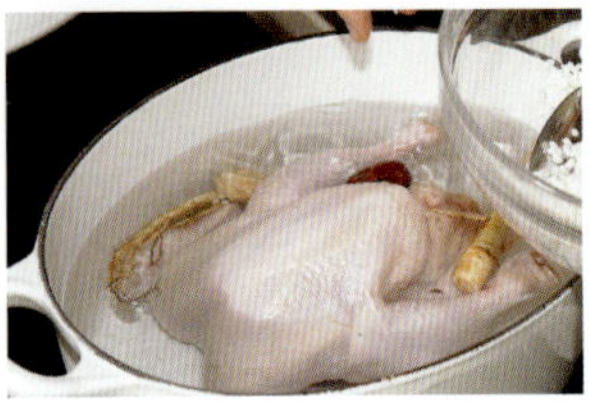

07 大きめの平鍋に水、ひな鶏を入れて火にかける。さらに残った朝鮮人参や乾燥栗、にんにくなどの具を加え、ひと煮立ちさせる。

08 煮立ったら、ていねいにアクを取る。

09 04で残ったもち米を加え、3時間（圧力鍋の場合は30分）煮込む。

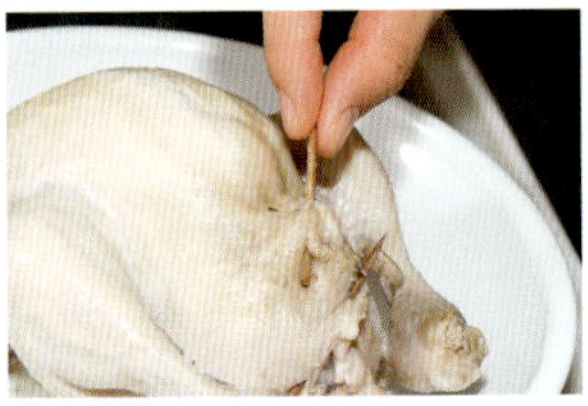

10 鶏を器の真ん中に盛り、つまようじを取る。煮込んだ朝鮮人参などの具を添え、スープを注ぐ。斜め切りにしたあさつきを散らす。

Point

鶏のうぶ毛や内臓などをきれいに取る

所要時間 4時間

ひな鶏の下処理

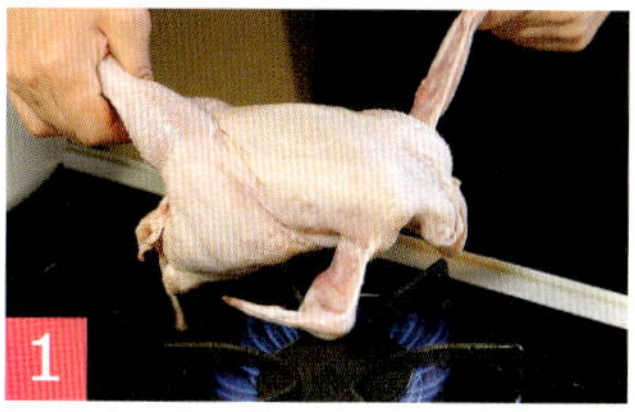

1 ひな鶏の皮の表面をあぶり、タオルやふきんで拭いてうぶ毛を取る。

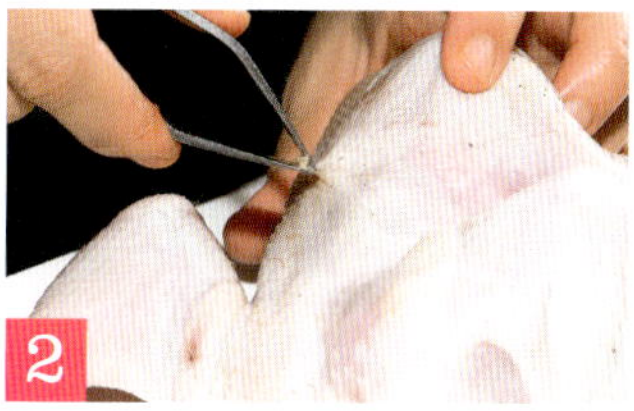

2 1 で取れなかった大きなうぶ毛は、毛抜きで抜く。

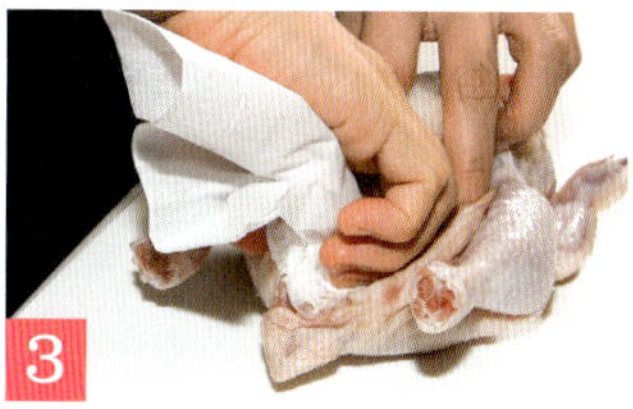

3 腹の内側についた脂身をティッシュでかき出す。

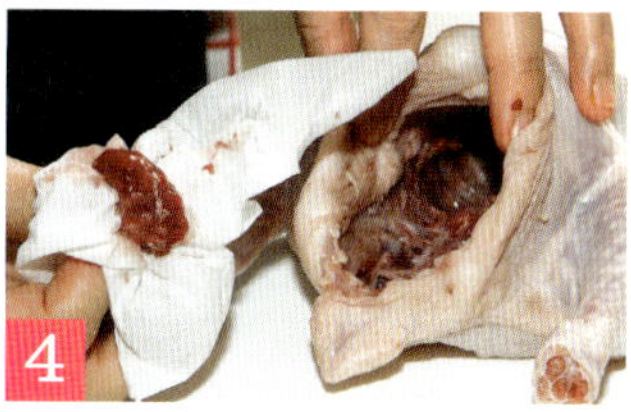

4 そのまま奥までティッシュを入れて、血や内臓の残骸をきれいにそうじする。

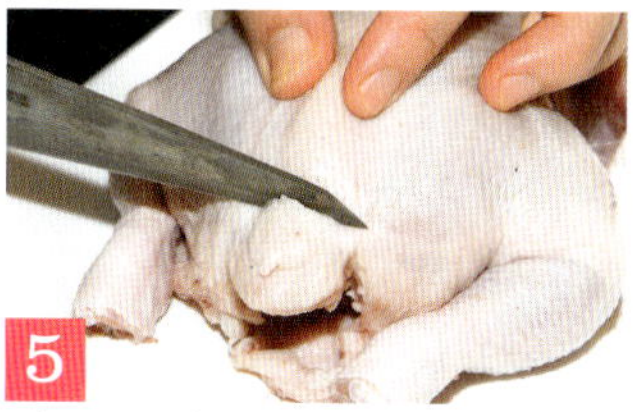

5 ぼんじり（尾の部分）に臭い脂があるので、脂のみ取り除く。

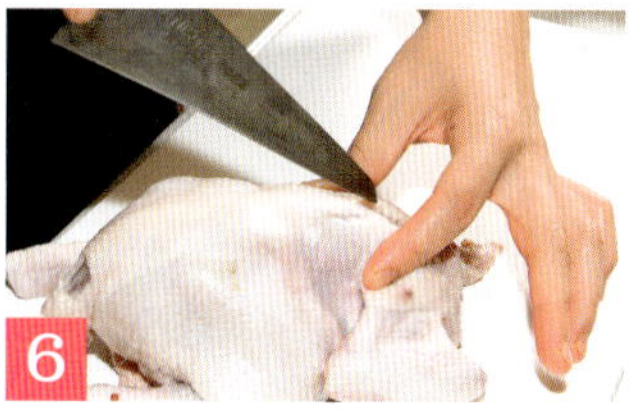

6 首から尻に向けて 5cm 程切り込みを入れ、皮をはだける。

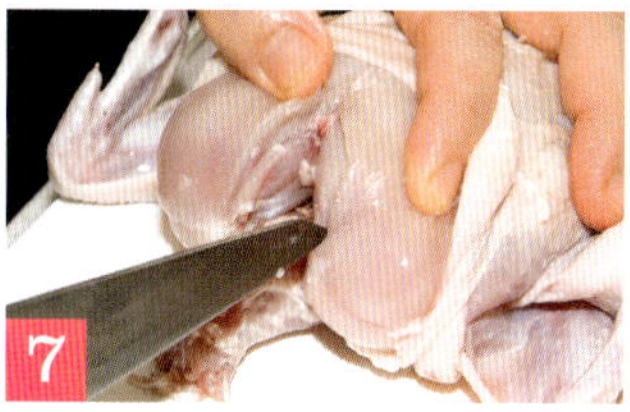

7 ひっくり返し、むね肉の際にある Y 字型の鎖骨にそって切り込みを入れる。

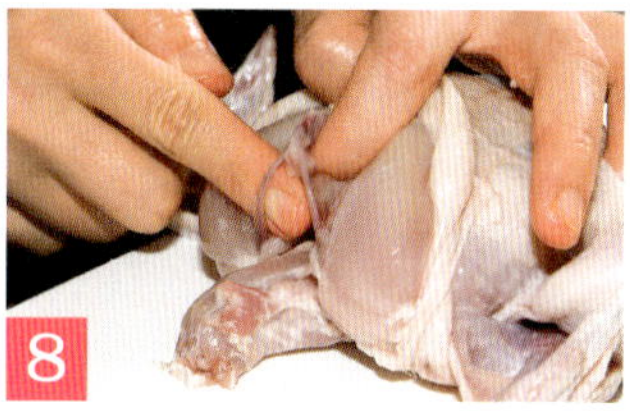

8 骨の周りの肉を指で取り、つけ根を持ち、鎖骨を取り出す。

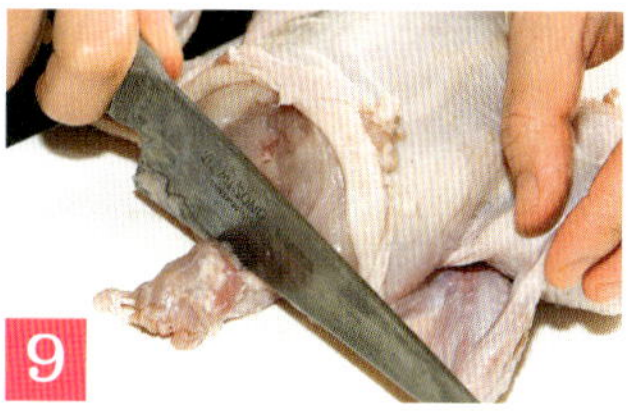

9 首の骨を落とし、首の皮を背中側にかぶせる。

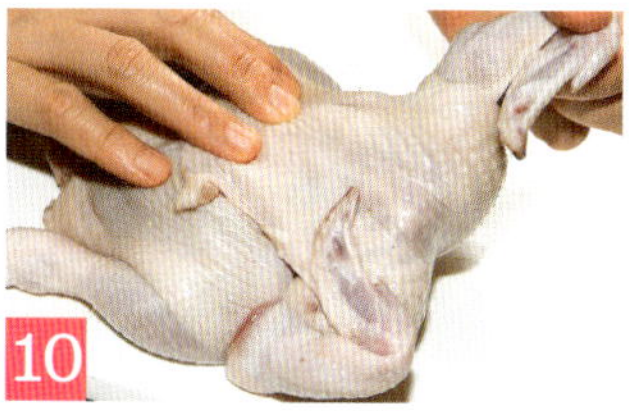

10 かぶせた皮を、手羽先ではさむようにして押さえる。

Point

スープをさらにおいしくきれいに仕上げるためには

丸鶏には、余分な脂がたくさんついています。身や皮の裏についた大きな脂はきれいに取っておくと、煮込んだあとに脂だらけのスープになるのを防げます。また、血や内臓なども風味を損なうので、ていねいに拭き取ってから調理しましょう。

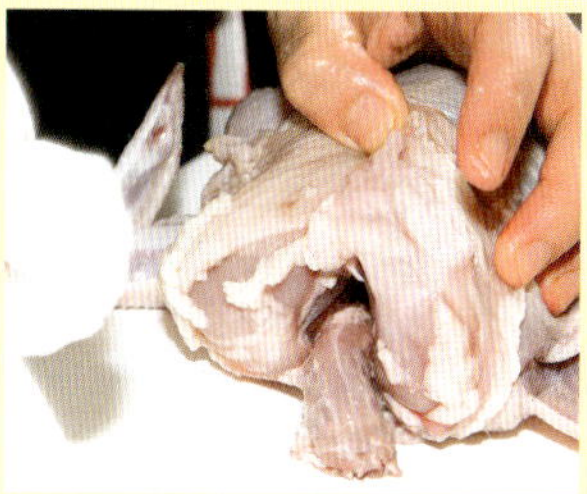

タオルやティッシュが取りやすい

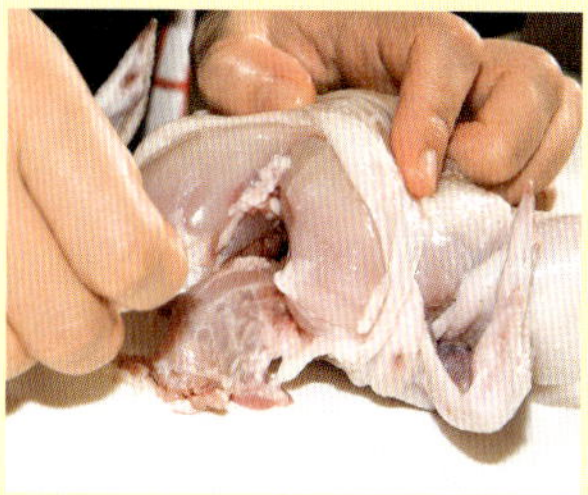

胸の脂を取り除き、鎖骨を取る

鶏の中につめたもち米をふっくらさせるには

ひな鶏のお腹に入るだけもち米をつめると、もち米がふくらまずに硬くなってしまいます。7 分目くらいまでの量をつめ、残りはスープに加えます。

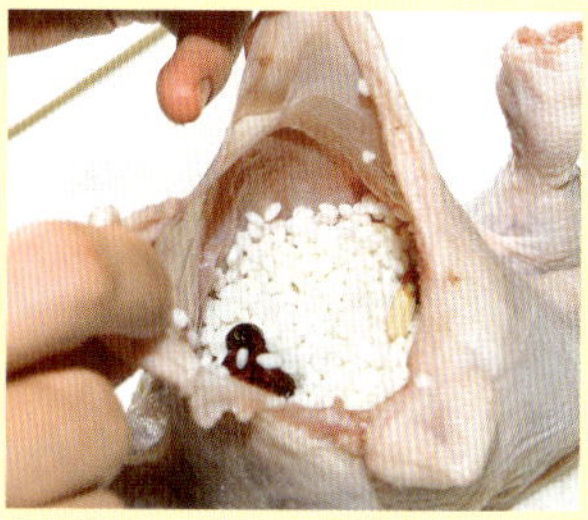

もち米がスープを吸って美味に

肉団子のスープ

材料（2人分）

清湯スープ（P19参照）…3カップ（600cc）
干し貝柱…8g
干ししいたけ…4枚
中国ハム…20g
干しなつめ…4個
Ⓐ 醤油…小さじ1
　 老酒…大さじ1
　 塩…小さじ1

スープの具
ふくろ茸…6個
冬瓜…60g
鶏がらスープ…2カップ（400cc）

肉団子の材料
鶏ひき肉…80g
長ねぎ（みじん切り）…大さじ1/2
しょうがの絞り汁…少々
片栗粉…少々
Ⓑ 醤油…小さじ1
　 酒…小さじ1
　 ごま油…少々

Point

表面に浮いた脂を取り
澄んだスープに仕上げる

所要時間
2時間30分

01 耐熱ボウルに入れた清湯スープに干しなつめ、干し貝柱、中国ハム、干ししいたけを入れて30分漬け込む。

02 ふくろ茸は半分に切り、臭みを取る為に熱湯で約1分下ゆでしてざるに上げる。

03 冬瓜は表面に青みが残るくらい薄く皮をむき、2cm角に切る。熱湯で下ゆでして、すっと竹串が通る柔らかさになったらざるに上げる。

04 01の中国ハムを3mm幅に切り、干ししいたけは軸を取って十字に飾り包丁を入れ、それぞれ清湯スープに戻し、Ⓐを加える。

05 04のボウルに濡れぶきんをかけて蒸し器に入れ、1時間蒸す。

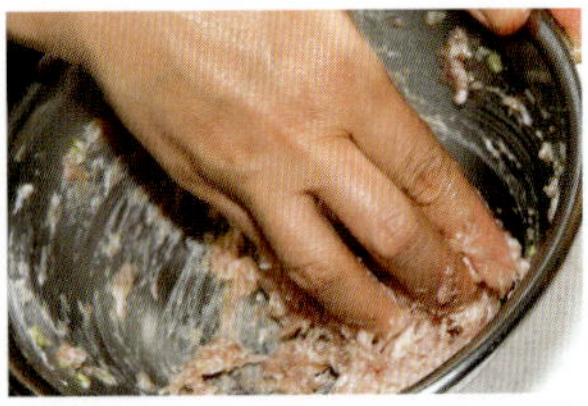

06 肉団子のタネを作る。ボウルに鶏ひき肉を入れ、みじん切りの長ねぎ、しょうがの絞り汁、Ⓑ、片栗粉を加えて混ぜる。

07 肉団子のタネを手で握り、親指と人差し指で作った輪から握り出してスプーンですくい取り、温めた鶏がらスープでゆでる。

08 蒸した清湯スープにふくろ茸、冬瓜を加え、さらに10分蒸す。

09 スープに浮いた脂を、キッチンペーパーを表面にのせて吸いつける。

10 スープを器に盛り、肉団子を浮かべる。

手羽先とレバーと麦のスープ

材料（2人分）

鶏手羽先…6本（300g）
鶏レバー…200g
チキンブイヨン…4カップ(800cc)
玉ねぎ…1/2個（100g）
にんじん…1/3本（50g）
セロリ…1/2本（50g）
白にんじん（なければにんじんを1/4本増やす）…1/2本（50g）
マッシュルーム…4個（30g）
クローブ…1本
押し麦…大さじ4
粗挽きコショウ…少々
粗塩、塩・コショウ…各適量

飾り

パセリのみじん切り…小さじ1

01 分量の玉ねぎの半分にクローブを刺す。玉ねぎの残りとにんじん、セロリ、白にんじん、マッシュルームは5mm角に刻む。

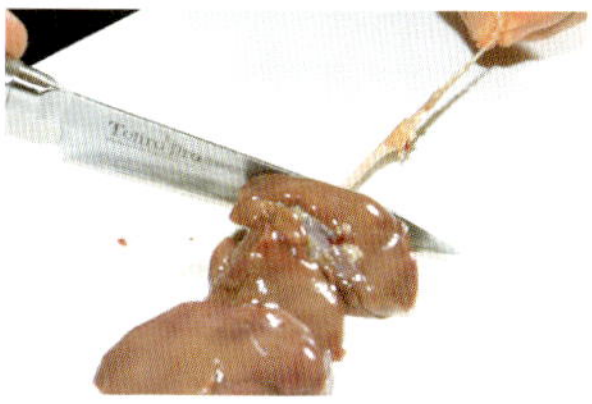

02 レバーは脂や筋、血管を取り除き、一口大に切る

03 ボウルに氷水をはり、レバーをやさしくもみ洗いして血抜きをする。水気をしっかり取っておく。

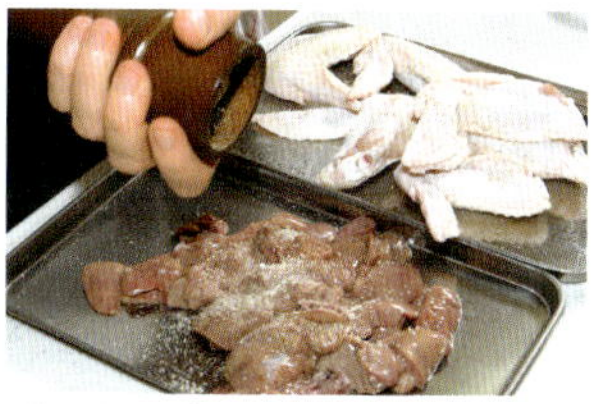

04 手羽とレバーに塩・粗挽きコショウをふる。(ポ)特にレバーには多めに粗挽きコショウをふって、手でもみ込んでおく。

05 鍋にチキンブイヨンを入れ、手羽先とクローブを刺した玉ねぎを入れて粗塩・コショウで下味をつけ約30分煮込む。

06 アクを取ってから刻んだ玉ねぎ、にんじん、白にんじん、セロリと押し麦を加え、約10分煮込む。

07 レバーを入れて火を通す。

08 マッシュルームを加えて約5分煮込む。

09 クローブを刺した玉ねぎは、盛りつける前に取り除いておく。

10 塩・コショウで味を調え、器に盛り、パセリのみじん切りを飾る。

Point

レバーは余分な筋を取り血抜きしてから調理する

所要時間 60分

シュルパ

材料（2人分）

子羊肩肉…150g
じゃがいも…小1個（80g）
玉ねぎ…1/2個（100g）
ピーマン…1個（40g）
にんじん…1/5本（30g）
トマト…大1/2個（100g）
にんにく…1片（10g）
赤唐辛子…1/2本（1.5g）
水…1.2ℓ
オリーブオイル…大さじ1
Ⓐ ディルシード…少々
　 コリアンダーシード…少々
塩・コショウ、サラダ油…各適量

飾り

シャンツァイ、ディル…各少々

所要時間 90分

01 子羊肩肉は一口大に切り、塩・コショウをふってもみ込み、サラダ油を熱した鍋で全面に焼き色をつける。

スープ入り ボッリートミスト

材料（2人分）

骨付き鶏もも肉…2本
オックステール…2個（400g）
ちりめんキャベツ…1/4個（200g）
小玉ねぎ…4個（160g）
ういきょうの茎…1/2個分（75g）
ズッキーニ…1/2本（75g）
じゃがいも…小1個（80g）
ビーフブイヨン…1.5リットル
タイム…1枝
ローリエの葉…1枚
塩・コショウ…各適量

サルサベルデの材料

イタリアンパセリ…3枝
バジルの葉…4枚
にんにく…1/2片（3g）
アンチョビ…1/2フィレ
ピクルス…10g
ケイパー…大さじ1/2
白ワインヴィネガー…大さじ1/2
EXVオリーブオイル…50cc

所要時間 4時間

01 鍋にビーフブイヨン、タイム、ローリエ、オックステールを入れ2時間半（圧力鍋の場合は25分）煮込み、鶏もも肉を加える。

02 ズッキーニは縦に4つ割りし、ちりめんキャベツは洗って縦半分に切る。ういきょうの茎は2等分し小玉ねぎは皮をむき芯を十字に切る。

03 01から出た脂をレードルで取り除き、野菜を加えてさらに40分煮込む。

04 サルサベルデを作る。イタリアンパセリとバジルは茎を除き、にんにく、アンチョビ、ピクルスは粗切りにする。

05 すべてのサルサベルデの材料をミキサーに入れて撹拌する。液状になったら、塩・コショウで味を調える。

06 器に具を盛り、シノワでこしながらスープを注ぐ。本来は具をサルサベルデにつけながら食べ、スープは別に味わう。

オックステールスープ

材料（2人分）

オックステール…4個（800g）
薄力粉…適量
牛脂（オックステール用）…20g
ビーフブイヨン…1.5リットル
タイム、ローリエ、塩・コショウ
…各適量

スープの具の材料

玉ねぎ…1/2個（100g）
にんじん…2/3本（100g）
スウェーデンかぶ（なければかぶ）
…1/2個（80g）
セロリ…1/2本（50g）
牛脂（野菜用）…10g

所要時間 3時間

01 玉ねぎは3cm角に切る。にんじん、セロリ、スウェーデンかぶは5cmの長さの棒状に切って、軽く面取りをする。

02 オックステールに塩・コショウをふって手でよくもみ込み、さらに薄力粉をまぶす。

03 フライパンに牛脂を熱し、オックステールを全面こんがりと焼く。

04 鍋にビーフブイヨン、03を入れて火にかける。沸騰したらアクを取り、約2時間半煮込む。

05 オックステールを焼いたあとのフライパンに牛脂を熱し、野菜を炒める。

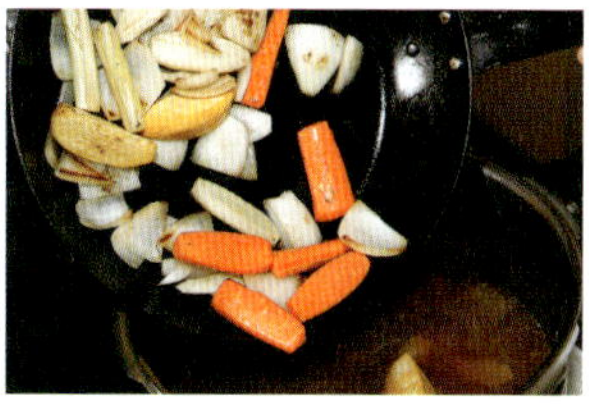

06 04の鍋に05とタイム、ローリエを加え野菜が柔らかくなるまで煮込む。塩・コショウで味を調え器に盛り、タイム、ローリエを飾る。

02 肉に焼き色がついたら水を加え、鍋底についた旨みをへらでこそげ取って約60分煮込む。

03 スープに浮かんだアクや脂をすくい取る。

04 玉ねぎは1cm幅に切り、ほかの野菜は2cmの角切りにする。赤唐辛子は種を取り、にんにくはつぶす。

05 フライパンにオリーブオイルを熱し、にんにくの香りを出す。玉ねぎ、にんじん、ピーマンを炒め、Ⓐと赤唐辛子を加える。

06 炒めた野菜とトマトとじゃがいもをスープに加え、柔らかくなるまで煮る。器に盛り、ディルとシャンツァイを飾る。

ポロねぎのスープ（P157）

●スイス●

Vegetable Soup

野菜のスープ５種

味や香り、食感だけでなく
色も楽しむカラフルスープ

冬瓜と白きくらげのスープ（P158）

●中国●

モロヘイヤのスープ（P157）

●エジプト●

アクアコッタ（P156）

イタリア

サヴォア風スープ（P158）

フランス

アクアコッタ

材料（2人分）

白いんげん豆…1/3カップ（60g）
水…2カップ（400cc）
玉ねぎ…1/2個（100g）
ういきょうの茎…1/2個分（75g）
アスパラガス…2本（40g）
ちりめんキャベツ…1枚（60g）
トマト…1/2個（80g）
卵…2個（120g）
バゲット…4枚（8㎜厚さ）
にんにく…1/2片（5g）
赤唐辛子…1/2本
オリーブオイル…大さじ1
タイム、ローリエ、塩・コショウ…各適量

01 準白いんげん豆を2カップの水で一晩戻す。戻し汁ごと鍋に入れて、タイム、ローリエと一緒に約40分煮る。

02 オリーブオイルを熱し、にんにく、赤唐辛子を入れて風味を出す。1cm幅に切ったういきょう、玉ねぎ、キャベツをじっくり炒める。

03 白いんげん豆の半量とゆで汁を02の鍋にすべて加える。

04 白いんげん豆の残り半量は粗めに裏ごしする。

05 03の鍋に皮と種を取り1cm角に切ったトマト、皮をむき4cmの長さに切ったアスパラガスを入れ、裏ごしした白いんげんを加える。

06 スープに塩・コショウで味をつけ、軽く煮込んだら、タイム、ローリエと飾り用のアスパラ8本を取り出す。

07 耐熱皿にスープを盛りつけ、具を均等な高さにならす。

08 器に卵を割り、スープの中心に流し入れる。ポ直接卵を割り入れると殻が入ってしまうので、一度器に割ってから移す。

09 250℃のオーブンで表面を約8分軽く焼き、卵が半熟になったら取り出す。飾り用のアスパラをきれいに盛りつける。

10 トーストしたバゲットを添える。

Point

裏ごしの白いんげんで濃度をつける

所要時間
80分
※豆の戻し時間は除く

Recipe

モロヘイヤのスープ

材料（2人分）

モロヘイヤ（葉のみ）…1袋分（50g）
トマト…2/5個（80g）
チキンブイヨン…2·1/2カップ（500cc）
コリアンダーシード…小さじ1/2
カルダモン…小さじ1/2
にんにく…1/2片（5g）
オリーブオイル…大さじ2
塩・コショウ…各適量

作り方

❶コリアンダーシードとカルダモンをあたり鉢ですりつぶす。
❷モロヘイヤはみじん切りにする。茎つきの場合は葉のみを取る。
❸鍋にチキンブイヨンを温め、モロヘイヤと、皮と種を取り1cm角に切ったトマト、塩・コショウを入れ沸騰させないように軽く煮込む。
❹別鍋にオリーブオイル、にんにくと①を入れて香りが出るまで熱する。
❺④が熱くなったら、③のスープにジュッと加え、ふたをして2～3分経ってから器に盛る。

スパイスは叩きつぶすように砕く

にんにくとスパイスの香りをよく出す

ポロねぎのスープ

材料（2人分）

ポロねぎ…1本（200g）
米…大さじ1
チキンブイヨン…2·1/2カップ（500cc）
白ワイン…大さじ2
グリュイエールチーズ…50g
水溶きコーンスターチ…少々
バター…10g
塩・コショウ…各適量

飾り

バゲット…4枚（8㎜厚さ）
ディル…適量

01 ポロねぎは硬いところと傷んでいるところを切り落とし、2つに割る。ボウルに水を入れ、1枚1枚はがしながらよく洗う。

02 洗ったポロねぎはふきんで水気をよく取ってから、1cm角の色紙切りにする。

03 鍋にバターを熱し、ポロねぎと塩を加えてじっくり炒める。チキンブイヨンと塩・コショウ、米を加え米が柔らかくなるまで煮込む。

04 フライパンに白ワインとグリュイエールチーズ、塩・コショウを入れて火にかけ、チーズが溶けたら水溶きコーンスターチを加える。

05 器に03のスープを盛り、こんがりトーストしたバゲットをのせる。バゲットの上から04のソースをかけ、ディルを飾る。

Point

ポロねぎはよく洗う

所要時間 30分

Recipe

サヴォア風スープ

材料（2人分）

ベーコン（ブロック）…40g、玉ねぎ…2/5個（80g）、にんじん…1/5本（30g）、セロリ…1/6本（15g）、ズッキーニ…1/5本（30g）、キャベツ…1/2枚（30g）、トマト…2/5個（80g）、じゃがいも…1/2個（70g）、チキンブイヨン…2·1/2カップ（500cc）、マール（ブランデー）…小さじ2、にんにく…1/2片（5g）、オリーブオイル…小さじ1、バター…5g、塩・コショウ…各適量

飾り

ボーフォールチーズ（なければグリュイエールチーズ）…15g
パセリ…小さじ1

作り方

❶ベーコンと野菜を1cm角に切り、じゃがいもは水につける。
❷鍋にオリーブオイル、バター、にんにくを熱し、トマト以外の野菜とベーコン、塩を入れてじっくり炒める。
❸火が通ったら、チキンブイヨンを加え、塩・コショウで味を調節する。その後、トマトを加え軽く煮込む。
❹③の鍋の中身をこし器またはざるでこす。
❺こしたスープを温めて器に盛り、マールをふり、すりおろしたボーフォールチーズを浮かべて、パセリのみじん切りを飾る。

こし器だと濃度の高いスープができる

冬瓜と白きくらげのスープ

材料（2人分）

冬瓜…200g
白きくらげ（乾燥）…5g
枝豆（冷凍）…20粒
たけのこ…20g
ハム…1枚（20g）
さきいか…8g
鶏がらスープ…3カップ（600cc）
しょうが…1かけ（10g）
酒…大さじ1·1/2
薄口醤油…小さじ1·1/2
塩・コショウ、サラダ油…各適量

01 たけのこは薄切りにしたあと洗い、白いアクを落とす。冬瓜は薄く皮をむき、2cm角に、ハムは細切りにする。枝豆は薄皮をむく。

02 水で戻した白きくらげは、石づき（色の濃い部分）を切り取る。

03 冬瓜と白きくらげを5分ほど下ゆでする。冬瓜に竹串が通ったらざるに上げる。

04 鍋にサラダ油を熱し、細切りにしたしょうが、ハム、さきいか、たけのこを炒める。火が通ったら酒と薄口醤油を鍋肌に回しかける。

05 鶏がらスープと、下ゆでした冬瓜、白きくらげを加え、塩・コショウで味を調節する。枝豆を加え、器に盛る。

Point

冬瓜の皮は青みが残るくらい薄くむく

所要時間 30分

スープのHOTコラム⑳

手軽に本場の味。市販ブイヨンのいろいろ

市販のブイヨンを使いこなして、手軽にスープ作り

粉・顆粒状

イタリアの顆粒ブイヨン。ズッパディペッシェなど、魚介類のスープにおすすめ

粉末や顆粒タイプは、水分が少ない料理でもすぐに溶けるので便利。上記のような大容量タイプから、1回使い切りタイプのものまで各種ある

日本製のコンソメブイヨン。化学調味料無使用の無添加タイプ。スティックタイプで便利

固形

オランダ製のチキンコンソメキューブ。日本のものとはまた違った味わいがある

トムヤムクン専用のブイヨン。これと材料を煮込めば簡単に本場の味が楽しめる

固形のブイヨンはじっくり煮込むスープに。1個を約300mlのお湯で溶かしてから使う

市販のブイヨンはどうやってできる？

素材の旨みをぎゅっと凝縮

市販のブイヨンは、鶏肉や牛肉、野菜など、素材由来のエキスや油脂、旨み成分の酵母エキスなどを混ぜて乾燥させ、固形や顆粒状にしたもの。化学調味料が含まれている場合も多いが、最近では無添加のブイヨンも発売されている

原材料を混ぜる
↓
乾燥させる（フリーズドライ）
↓
選別、充填
↓
製品できあがり

使うときは、ハーブやスパイスを加えて風味を

市販のブイヨンやだしの素は、あらゆる料理のベースになる、便利な調味料です。特にスープでは、わざわざブイヨンから作る手間も省けるので、ぜひキッチンに常備しておきたいもの。

ブイヨンには固形、顆粒、液体などの形状がありますが、スープでは、溶けやすく味の調節がしやすい粉末や顆粒がおすすめです。ただし湿気を吸いやすいので開封後は涼しい場所で保管しましょう。便利なだけあって、肉、魚、野菜風味など、種類もさまざま。これ以外にもメーカーによっていろいろなものがあるので、スープの素材によって使い分けましょう。

「市販のブイヨンを使うと、物足りない味になってしまう」というなら、スパイスやハーブ、アルコールを加えて風味づけをしたりすると、インスタント臭さが抜け、味わいに深みが出ます。

チゲ風スープ（P162）

韓国

Hot Soup

辛いスープ5種

パンチの効いた味だからこそ
素材の旨みで刺激を味わいたい

ラッサム（P164）
（南インドの辛味と酸味のスープ）

インド

トルティーヤスープ（P163）

メキシコ

サンラータン（P163）

中国

ラクサ（P164）
（シンガポールの麺入りスープ）

シンガポール

チゲ風スープ

材料（2人分）

牛骨…200g
牛すね肉…100g
鶏がら…1羽分
玉ねぎ…1/4個（50g）
長ねぎ（青い部分）…1/2本（20g）
しょうが…1かけ（10g）
水…2ℓ
ごま油…大さじ1
魚醤…少々
塩…適量

スープの具の材料

木綿豆腐…1/2丁（150g）
豚ばら肉…120g
白菜のキムチ…120g
長ねぎ…1/2本（50g）
しいたけ…小2枚
豆もやし…40g
糸こんにゃく…1/2袋（100g）
たら（切り身）…1切れ（100g）
春菊…2/5束（80g）

Point

豚ばら肉をよく炒めて
旨みを引き出す

所要時間
3時間40分

01 牛骨、牛すね肉、鶏がら、ねぎの青い部分、玉ねぎをぶつ切りにする。しょうがは半分に切る。

02 鍋に水と01で切った材料を入れて火にかけ、煮立ったらアクを取り、弱火にして約3時間煮込む。

03 煮込んだスープをシノワでこす。

04 具材を一口大に切る。しいたけは軸を取って、上に飾り包丁を入れる。豆もやしは根を取る。

05 鍋にごま油を熱し、白菜のキムチを強火で炒めてから豚ばら肉を加える。ポ豚ばら肉をしっかり炒めて香ばしさを引き出す。

06 03のスープを05の鍋に加え、鍋底の旨みをよくこそげ落とす。

07 しいたけ、糸こんにゃく、長ねぎを加え、軽くかき混ぜる。

08 魚醤を加え、たら、豆もやしを入れる。

09 木綿豆腐を加え、味見をして塩気が足りなければ塩、魚醤を加えて味を調節する。

10 最後に春菊を加え、火が通ったら器に盛りつける。

Recipe

サンラータン

材料（2人分）

絹ごし豆腐…1/5丁（60g）、豚ひき肉…25g、ロースハム…3/4枚（15g）、たけのこ…20g、長ねぎ…1/5本（20g）、もやし…25g、干し貝柱…5g、かに肉…20g、春雨…10g、卵…1個（60g）、鶏がらスープ…3カップ（600cc）、醤油…小さじ1、酒…小さじ2、水溶き片栗粉…大さじ2、ごま油…小さじ1、ラー油…小さじ1、酢…大さじ2、黒コショウ、サラダ油…各適量

飾り

シャンツァイ…適量

作り方

❶干し貝柱、春雨をそれぞれ水で戻す。貝柱は柔らかくなったら指でほぐし、春雨は適当な長さに切る。

❷鍋にサラダ油を熱し、せん切りにした長ねぎ、豚ひき肉を炒める。さらにせん切りのロースハム、たけのこを加える。

❸酒、醤油、干し貝柱と戻し汁30cc分、かに肉を加えてさらに炒める。

❹鶏がらスープを加え、5㎜幅の棒状に切った木綿豆腐、もやし、春雨を入れる。

❺水溶き片栗粉でスープにとろみをつける。

❻溶き卵を糸状に流し入れ、火を止め30秒ほどしたら軽く混ぜる。

❼器にごま油、ラー油、酢、黒コショウ、刻んだシャンツァイを入れ、⑥のスープを注ぐ。仕上げに好みでラー油を回しかける。

器に調味料を先に入れておく

トルティーヤスープ

材料（2人分）

トマト…2個（300g）
玉ねぎ…1/3個（60g）
にんにく…1片（10g）
コーンオイル…大さじ2
チキンブイヨン…1·1/2カップ（300g）
塩・コショウ…各適量

スープの具の材料

トルティーヤチップス…8枚
アボカド…1/2個（100g）
セミドライのメキシコのチリ（甘みのある唐辛子）…2本
ランチェロチーズ（なければカッテージチーズ）…大さじ2

01 チリはから炒りして香りを出してから、熱湯につけて落としぶたをしてふやかす。

02 トマトはヘタの側にフォークを突き刺し、直火であぶって皮をむく。さらにヘタを取り、粗切りにする。

03 にんにく、輪切りにした玉ねぎをフライパンに並べ、油を引かずに焼く。焼き色がついたら、トマトと一緒にミキサーに入れ撹拌する。

04 鍋にコーンオイルを熱してから03を加え、油となじんだらチキンブイヨン、塩・コショウを入れてアクを取りながら約10分煮る。

05 アボカドは皮をむき、種を取って5㎜幅に切り、器に盛ったスープに飾る。ランチェロチーズ、チリ、トルティーヤチップスを添える。

Point

野菜をこんがりと焼いて
香ばしさを出す

所要時間
40分

Recipe

ラッサム（南インドの辛味と酸味のスープ）

材料（2人分）

青唐辛子…1本（3g）、トマト…1・2/3個（250g）、にんにく…1片（10g）、ターメリック…小さじ1/2、シャンツァイの茎…1枝分、水…2・1/2カップ（500cc）、タマリンド…30g、熱湯…100cc

ラッサムパウダー（コリアンダーシード…小さじ1/2、クミンシード…小さじ2、黒粒コショウ…小さじ1/2）

テンパリング（赤唐辛子…1/3本、フェヌグリーク…小さじ1/3、マスタードシード…小さじ1、チャナダル（小さなひよこ豆）…15g、カレーリーフ…3枚）、シャンツァイの葉…1枝分、サラダ油、塩・コショウ…各適量

作り方

❶タマリンドを熱湯につける。❷シャンツァイの葉と茎、唐辛子2種、にんにくは粗く刻む。トマトは皮と種を取り、2cm角に切る。カレーリーフは手で細かくちぎる。❸鍋にトマト、にんにく、シャンツァイの茎、青唐辛子、ターメリックと水を入れて20分煮る。❹ラッサムパウダーの材料をから炒りし、香りを出してあたり鉢でする。❺③が煮つまったら、④と、①をざるでこしながら入れる。❻フライパンにサラダ油を熱しテンパリングの材料を弱火で炒める。❼⑤に⑥を油ごと加える。塩・コショウで味を調節し、シャンツァイの葉を飾る。

タマリンドは果肉を押し出すようにこす

01 刻んだタクライ、青唐辛子、カピ、カー、アーモンドをあたり鉢でする。最初は叩くようにし、ペースト状になるまでつぶす。

02 フライパンに油を熱し、01のペーストを炒める。さらに約100ccのココナッツミルクを入れ、分離して油が出るまで炒める。

03 背わたを取ったえびと細切りのいかを加え、02で出た油で炒める。さらにくし形に切った玉ねぎとマックアを加えて炒める。

04 ターメリック、パプリカパウダーを加えて混ぜたら、魚のだし汁と残りのココナッツミルク、斜め2つに切った赤唐辛子を加える。

05 ナンプラー、塩・コショウで味を調節し、水で戻したライスヌードルを入れて煮込む。ライム、シャンツァイ、万能ねぎを添える。

ラクサ（シンガポールの麺入りスープ）

材料（2人分）

青唐辛子…1本（3g）
カピ（小えびの蝦醤《シャージャン》）…大さじ1
タクライ（レモングラスの茎）…1本
カー（タイのしょうが）…10g
アーモンド…6粒
サラダ油…大さじ1・1/2
パプリカパウダー…少々
ターメリックパウダー…小さじ1/4
魚のだし汁…2カップ（400cc）
ココナッツミルク…1カップ（200cc）
ナンプラー…大さじ1
塩・コショウ…各適量

スープの具の材料

赤唐辛子…1本（3g）
玉ねぎ…1/4個（50g）
いか…100g
えび…4尾（120g）
ライスヌードル（水で戻す）…50g
マックア（グリーンなす）…2個

薬味

ライム…1/2個
シャンツァイ…適量
万能ねぎ…1本（5g）

Point

ココナッツミルクの油が分離するまで炒める

所要時間 40分

パプリカとマンゴーのスープ

●メキシコ●

Cold Soup

冷たいスープ3種

爽やかでフルーティーなスープは
食事を引き立てる前菜にぜひ

メロンのスープ

●フランス●

タラトル
（きゅうりとヨーグルトのスープ）

●ブルガリア●

パプリカとマンゴーのスープ

所要時間
20分

パプリカとマンゴーのスープ

材料（2人分）

赤パプリカ…1個（150g）
黄パプリカ…1個（150g）
メキシカンマンゴー…40g
玉ねぎ…2/5個（80g）
メキシコのチリ（セミドライ）…1本
チキンブイヨン…1カップ（200cc）
EXVオリーブオイル…大さじ1

飾り

赤、黄パプリカ…上記より

01 パプリカは両方魚焼き器にのせ、表面を焼いて焦げ目をつける。熱いうちにビニール袋に入れて空気を抜き、しばらく蒸らす。

02 蒸らしたパプリカの皮をむき、ヘタと種を取り除いてから半分に切って開く。

03 赤・黄両方のパプリカを、棒状に10切れずつ切って飾り用に取っておく。

04 残りのパプリカは粗切りにし、チキンブイヨンと一緒にミキサーに入れる。

05 玉ねぎは1cm幅に、マンゴーは2cm角に切る。

06 玉ねぎをフライパンに並べ、油を引かずに焼く。ポ弱火でじっくりと火を通すこと。

07 チリは表面を拭いてから魚焼き網で弱火で焼く。香りがたったら沸騰した湯に漬ける。

08 チリが柔らかくなったらタオルで水気を切り、種を取って実の1/3を細く刻む。

09 04に08のチリ、玉ねぎ、マンゴー、EXVオリーブオイルを加え、撹拌して冷やす。器に盛り、パプリカ、ディルを飾る。

メロンのスープ

材料（2人分）

マスクメロン…小1個
生クリーム…大さじ2·2/3
ミュスカ（マスカットのワイン）…小さじ2
砂糖…大さじ1
塩…適量

飾り

フランボワーズ…4～6粒
ブルーベリー…4～6粒
ミントの葉…少々

Recipe

タラトル（きゅうりとヨーグルトのスープ）

材料（2人分）

プレーンヨーグルト…250g
きゅうり…1本（100g）
EXVオリーブオイル…大さじ1/2
にんにく…少々
チキンブイヨン…100cc
塩・コショウ…少々

飾り

EXVオリーブオイル、パセリ…少々
くるみ…大さじ2

作り方

❶くるみは170℃のオーブンで10分ローストして粗みじん切りにする。
❷きゅうりは切り口のアクを取り、表面のいぼを包丁か皮むき器でこそげ取ってから5㎜角に刻む。
❸きゅうりに塩をふってもみ込み、しばらくしたら水分を切りEXVオリーブオイル、塩・コショウを加えてマリネする。
❹10分くらいしたら、ヨーグルト、すりおろしたにんにく、チキンブイヨン、塩・コショウを入れてよく混ぜる。
❺器に盛り、くるみとパセリのみじん切りを散らし、EXVオリーブオイルを浮かべる。

ヘタで切り口をこするとアクが浮く

にんにくはすりおろしながら加える

メロンのスープ

所要時間 20分

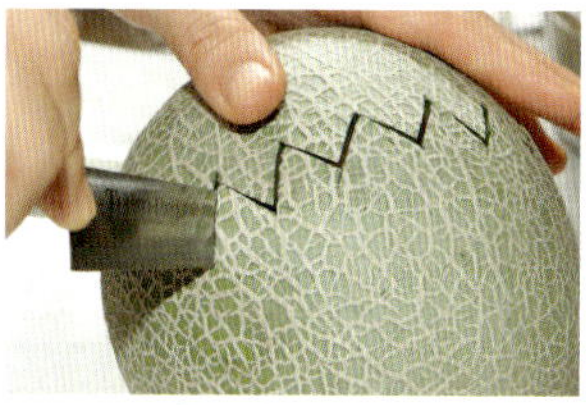
01 メロンの皮を使って盛りつける場合。マスクメロンの実に包丁を差し込み、ギザギザにする。

02 メロンの種を取る。包丁で中心の穴の直径を1～2cm広げるように実を切り、ボウル状にする。

03 02のメロンの穴からスプーンで丸く実を8個くり抜く。

04 02でかき出した実と、砂糖、ミュスカ、生クリーム、塩をミキサーに入れて撹拌する。

05 メロンの器に04を注ぎ、03の丸いメロンの実とフランボワーズ、ブルーベリーを浮かべ、ミントの葉を飾る。

06 お皿に盛りつける場合。マスクメロンは半分に切り、くり抜き器で、メロンの実を8個抜き取る。

07 06で残った実と、砂糖、ミュスカ、生クリーム、塩をミキサーに入れて撹拌する。器に盛りつけ飾りのフルーツとともに06を浮かべる。

Mistake!

スープが苦くて風味が悪くなってしまった

メロンの種が混ざっていると、食感が悪くなります。また、種を取るときに果肉が多少つきますが、この部分はえぐみがあるのでスープの材料には向きません。

種を絞って使うとえぐみのある味に

スープのHOTコラム㉑

バラエティ豊かな味になる浮き実の色々

具のないスープには、浮き実で見た目や食感に変化をつけられます

		作り方
1	いんげんの小口切り	いんげんを5㎜幅の小口切りにする
2	トマトの角切り	トマトは皮と種を取り、角切りにする
3	タピオカ	乾燥タイプをゆでてから使う
4	にんじんの角切り	にんじんは皮をむき、5㎜幅の角切りにする
5	赤パプリカ、セロリ、玉ねぎの角切り	それぞれを細かい角切りにして混ぜ合わせる
6	黄プチトマト	ヘタを取り、くし切りにする
7	大根の角切り	大根は皮をむき、5㎜の角切りにする
8	クルトン	パンの白い部分を角切りにし、油で揚げる
9	きゅうりのくりぬき	くり抜き専用の器具（ボーラー）でくり抜く

ジュリエンヌ（せん切り）やひし形切りのものも

フランス料理に限らず、中華スープや和の汁に浮き実を添えるものもある。せん切りにした野菜を添えるだけでも、雰囲気がグンと華やかになる

スープを華やかにするほかいろいろな役割を果たす

具がないコンソメやポタージュには、野菜やパンなどを小さく切って、浮き実として入れることがあります。浮き実は単に彩りをよくするだけでなく、それ以外にも役割があります。

例えば、フルコースの一品としてコンソメスープが出される場合、次の料理に合わせ、浮き実で味に変化を持たせます。また、ポタージュなどはスープの材料を示すために、具の一部を残して浮き実にします。ちなみに、浮き実のクルトンは、かつてスープに乾燥したパンを浸して食べたことの名残だといわれています。

浮き実が小さく切られているのにも理由があります。フランス料理には、スープをすくうスプーンから浮き実がはみ出てはいけないルールがあります。そのため浮き実のほとんどが、さいの目状や短い棒状などに切られているのです。

ポルチーニ茸のカプチーノ風味

●イタリア●

Mushroom Soup

きのこのスープ３種

香りとだしを秘めたきのこは
スープのベストパートナー

びっくりきのこのポットパイ

●フランス●

グリルきのこのスープ

●イタリア●

びっくりきのこのポットパイ

材料（2人分）

マッシュルーム…7個（60g）
しめじ…1/2パック（50g）
玉ねぎ…2/5個（80g）
さつまいも…1/2本（100g）
スナップえんどう…6本
チキンブイヨン…2·1/2カップ（500cc）
生クリーム…50cc
水溶き片栗粉…大さじ2
バター…大さじ1、パイ生地…2枚
打ち粉、溶き卵…各適量
塩・コショウ…各適量

びっくりきのこのポットパイ

所要時間
60分

01 玉ねぎ、さつまいも、マッシュルーム、しめじは1cm角に切り、スナップえんどうは筋を取る。

02 鍋にバターを熱して、玉ねぎ、さつまいも、マッシュルーム、しめじを炒め、チキンブイヨンを加えて柔らかくなるまで煮る。

03 さらに生クリームを加えて塩・コショウで味を調節し、ひと混ぜしたら水溶き片栗粉を加えてとろみをつける。

04 03をボウルに入れ、氷水にひたして冷やす。(ポ)熱いままだとあとでパイ生地が溶けてしまうため、しっかり冷やすこと。

05 スナップえんどうを、緑色が鮮やかになるまで下ゆでする。ざるに上げて冷まし、水分を取る。

06 04を耐熱の器に注ぎ、4つに切ったスナップえんどうを上にのせる。

07 台に打ち粉をふってパイ生地をのせ、器の直径よりも大きい丸型で抜いて縁に溶き卵を塗る。

08 抜いたパイ生地でスープ鉢を覆う。(ポ)空気が入るとうまくふくらまないので、側面を押しつけるようにしてすき間をふさぐ。

09 パイ生地の表面にも溶き卵を塗り、200℃のオーブンで約15分焼く。

ポルチーニ茸のカプチーノ風味

材料（2人分）

エリンギ…小4本（100g）
ポルチーニ茸（乾燥）…2g
エシャロット…5g
チキンブイヨン…2カップ（400cc）
生クリーム…50cc、牛乳…80cc、バター…15g、塩・コショウ…各適量

飾り

イタリアンパセリ…少々
パプリカパウダー…少々

Recipe

グリルきのこのスープ

材料（2人分）

まいたけ…1/3パック（30g）
しめじ…1/3パック（30g）
エリンギ…1本（30g）
マッシュルーム…4個（30g）
ベーコン（スライス）…1·1/2枚（30g）
卵…2個（120g）
ほうれん草…1/10束（20g）
長ねぎ…1/2本（50g）
チキンブイヨン…2·1/2カップ（500cc）
シェリー酒…小さじ1
塩・コショウ…各適量

作り方

❶エリンギは5mm幅で縦に切り、マッシュルームは縦4等分、まいたけとしめじはほぐす。長ねぎは1cm幅の斜め切り、ベーコンは1cm幅の棒状に切る。
❷卵を70℃でゆで、温泉卵を作る。
❸魚焼き器に①で切った具材を並べてグリルする。
❹鍋にチキンブイヨンを沸かし、塩・コショウで下味をつける。
❺グリルした具材を④に入れ、さらに3cm幅に切ったほうれん草を入れてひと煮立ちさせる。
❻仕上げにシェリー酒をふりかけ、温泉卵をのせる。

温泉卵は70℃の湯で30分間ゆでる

焼き色がついたらひっくり返す

ポルチーニ茸のカプチーノ風味

所要時間
70分

01 ポルチーニ茸は水（分量外）で約30分戻し、水分を絞ったら粗切りにする。(ポ)戻し汁は取っておく。

02 エリンギ、エシャロットはみじん切りにする。

03 鍋にバターを熱し、エシャロットをじっくり炒める。

04 エリンギを加えてさらに炒め、しんなりしたら水気を切ったポルチーニ茸を加える。

05 香ばしく炒まったらチキンブイヨンと、ポルチーニ茸の戻し汁の上澄みを少々加えて塩・コショウをふり、約15分煮込む。

06 飾り用にスプーン1杯分の具を取り除き、生クリームを加える。ひと混ぜしたらボウルに移して氷水に浸し、粗熱を取る。

07 06の粗熱がとれたらミキサーに入れて撹拌する。塩・コショウをふって味を調える。

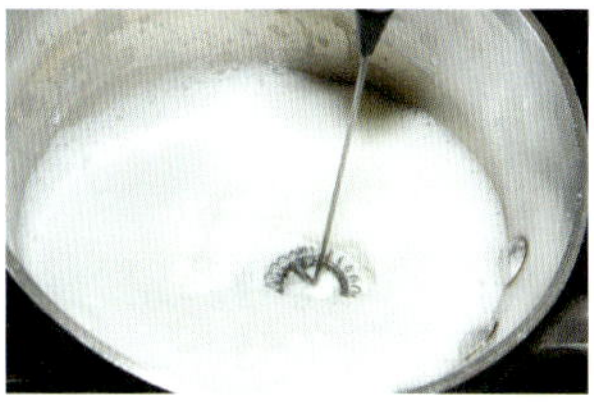
08 別鍋で牛乳を沸かし、クリーマーで泡立てる。

09 07を再度温めて器に盛り、牛乳の泡を上にのせる。中央に飾り用に取っておいたきのこ、イタリアンパセリ、パプリカパウダーを飾る。

スープのHOTコラム㉒

おいしいだしの宝庫！　乾物はスープに必須

戻し汁まで活用できる、乾物の魅力を紹介

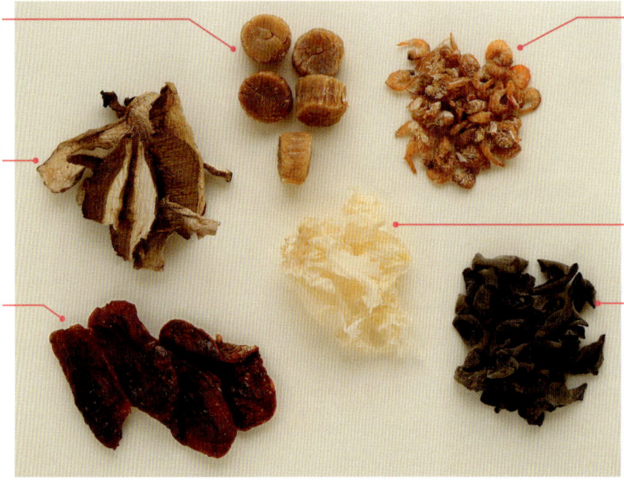

貝柱
水でさっと洗い、水に一晩浸けて戻す。独特のいいだしが出る

ポルチーニ茸
砂などの汚れを取って水に20分ほど浸して戻す

ドライトマト
水に20分ほど浸して戻す。戻し汁は酸味があり、パスタやスープにぴったり

干しえび
ぬるま湯に20分ほど浸して戻す。殻付きの場合は殻をむく

きくらげ
水またはぬるま湯で20分戻す。使うときは石づきを取ってから

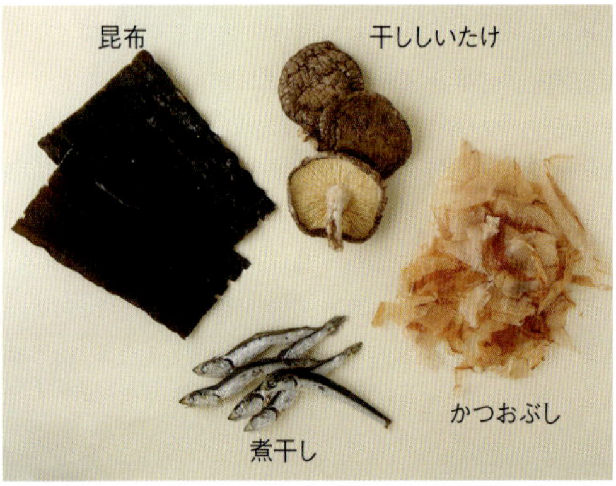

日本の乾物も優秀

だし汁は、いってみれば戻し汁のようなもの。昆布は、だし汁をとったあと、細く切って料理にも活用できて無駄がない

戻し汁をスープに活用するときは

きのこ類の乾物はハケなどでそうじしてから戻す。戻し汁には砂やホコリがある為、上澄みだけを使用する

戻し汁も余すことなく使える乾物は常備しておいて正解！

乾物は、戻し時間の長さからめんどうな食材と思われがちですが、天然の旨み成分や食物繊維、ビタミン、ミネラルが豊富に含まれた優秀な食材です。戻し時間も10分から長くて半日。寝る前に水やお湯に浸しておけば、次の日の朝から使えるので、それほどめんどうではありません。

スープでは、具材だけではなく、戻し汁を仕上げに加えてコクを出したりと、無駄なところがないといっていいほどの食材です。特に干しえびや干し貝柱の戻し汁からはいいだしが出るので、中華には欠かせません。保存性も高いので常備しておくとなにかと便利です。

乾物を戻すときは、水やぬるま湯に浸しますが、くれぐれも浸し過ぎに注意します。きのこ類には砂やチリが混じっていることもあるので、戻し汁を使うときは注意しましょう。

ストラッチャテッラ

イタリア

Simple Soup

簡単スープ3種

**お手軽でも味は本格派！
食卓を豪華にするお助けメニュー**

中華風かきたまスープ

中国

ソパデアホ

スペイン

中国風かきたまスープ

材料（2人分）

卵…1個（60g）
豚ばら肉…60g
Ⓐ 酒…小さじ1
Ⓐ 醤油…小さじ1/2
Ⓐ ごま油…小さじ1/2
しょうが…1/3かけ（3g）
長ねぎ…1/10本（10g）
高菜の漬物…20g
干ししいたけ…1枚
酒…大さじ1
醤油…小さじ1
鶏がらスープ…2カップ（400cc）
トマト（湯むきしてヘタと種を取る）…小1個（80g）
にら…1/10束（10g）
サラダ油…大さじ1
塩・コショウ…各適量

01 干ししいたけは水で半日〜1日戻し、水分を絞り、軸を取って細切りにする。戻ったら細切りにする。

02 高菜の漬物は細切り、にらは3cmの長さに切る。トマトは2cm角に切る。長ねぎとにんにくはみじん切りにする。

03 豚ばら肉は細切りにしてボウルに入れ、Ⓐ、塩・コショウをまぶして下味をつける。

04 卵を割り、塩・コショウを加えて溶く。

05 中華鍋にサラダ油を熱し、みじん切りにした長ねぎとしょうがを炒める。香りがたったら03を入れ、軽く炒める。

06 しいたけ、高菜を加えてさらに炒める。

07 酒、醤油を入れてすばやく炒め合わせ、鶏がらスープを加える。

08 トマトを加え、味見をしてから塩・コショウで味を調節する。にらを入れ、軽く混ぜたらアクを取る。

09 弱火にして、ざるに溶き卵を入れて高い位置から糸状にたらし入れる。

10 火を止めてひと呼吸したら軽く混ぜ、器に盛る。

Point

卵はざるを使って
糸状に細くたらす

所要時間
30分
※干ししいたけの戻し時間は除く

Recipe

ストラッチャテッラ

材料（2人分）

卵…2個（120g）
チキンブイヨン…2カップ（400cc）
パルメザンチーズ…20g
ほうれん草…1/5束（40g）
EXVオリーブオイル…小さじ1
塩・コショウ…各適量

作り方

❶ほうれん草は根を取り、水に浸して土をふり洗いしてから5cmの長さに切る。
❷ボウルに卵、すりおろしたパルメザンチーズ、塩・コショウを入れて混ぜる。チーズは飾り用に少し残し、香りが飛ばないよう、ラップをかけておく。
❸鍋にチキンブイヨンを入れ、塩・コショウを加えて沸騰したらほうれん草を入れる。
❹②の卵を細く流し入れ、弱火にしてふたをし、1～2分置く。
❺木べらで混ぜ、卵をまんべんなく行きわたらせたら器に盛り、EXVオリーブオイルを回しかける。

根元にたまった泥をしっかり落とす

固まりになって落ちないよう回し入れる

ソパデアホ

材料（2人分）

にんにく…1片（10g）
卵…1個（60g）
チョリソー（またはソーセージ）…2本
玉ねぎ…2/5個（80g）
パプリカパウダー…小さじ1
バゲット…50g
チキンブイヨン…3·1/2カップ（700cc）
オリーブオイル…大さじ1·1/2
塩・コショウ…各適量

飾り

イタリアンパセリ…少々

01 玉ねぎ、にんにくは芽を取って薄切りに、チョリソーは輪切りにする。バゲットは手でちぎる。

02 鍋にオリーブオイルを熱し、にんにくを弱火で炒める。香りが出たらバゲット、チョリソーを炒め、パプリカを入れる。

03 02で炒めた具材を大さじ2杯分飾り用に取ってから、玉ねぎを加えて炒める。

04 玉ねぎがしっかり炒まったらチキンブイヨン、塩・コショウを加えて10分煮込む。

05 泡立て器でバゲットをつぶし、卵を溶いて流し入れたら泡立て器で混ぜ、半熟の状態で器に盛る。飾りとイタリアンパセリを添える。

Point

パンににんにくの香りをよく移す

所要時間 30分

スープのHOTコラム㉓

溶き卵の入れ方で味わいが変わる

雲が浮いたような美しい卵にするための、いくつかの方法を紹介！

箸を使う

糸状に均等に広がる仕上がりに

ざるを使う

きめ細やかな仕上がりに

強火で沸かせる

食べごたえがある仕上がりに

ちょっとしたコツで卵の食感が変わります

溶き卵を散らせたスープは、卵の入れ方や火加減によって見た目や味わいが変わります。スープの種類や好みによって使い分けができると、さまざまな場面で活用できます。

溶き卵を入れる方法はいくつかあります。一般的なのは、菜箸につたわせながら入れる方法です。こうするとスープに卵が均等に広がります。溶き卵をきめ細かくしたい場合は、鍋の上から玉じゃくしやざるでこしながら入れます。また、溶き卵を入れるときに強火で一気に沸き立たせると、固まりができ、食べごたえのあるスープになります。

どの方法も、溶き卵を入れたあとはすぐに火を止めるのが鉄則。また、入れてすぐにかき混ぜてしまうとスープが濁ってしまうので、30秒ほど経ってからゆっくり混ぜましょう。

第5章

日本の汁物

日本の汁物の歴史と、各地の汁物紀行

地方の色を反映した郷土汁は、都道府県の数だけ存在します

土地のことが知りたければ郷土汁を飲めばよい!?

日本の歴史で、汁物を意味する言葉が出てくるのは8世紀頃に成立した万葉集の中でのこと。ここで汁は「羹（あつもの）」と呼ばれ、それに関する歌が数々詠まれています。平安時代の貴族社会では、汁物は献立のひとつに組み込まれ、酒、醤油、味噌、塩、酢などで味つけされて食べられていました。また、この頃から味噌汁の原型も存在していたようです。

室町時代には、禅宗の僧侶たちが質素倹約のために食べていた一汁一菜の献立が庶民層にも広がり、それ以降の庶民の一般的な献立になります。下記で紹介した郷土色の濃い汁物は、自然発生的に生まれたもの。今でも郷土料理として食べられています。

地方や各家庭にはさまざまな伝統的な汁物があります。自分が親しんだ味を研究してみるのも意外な発見があって楽しいでしょう。

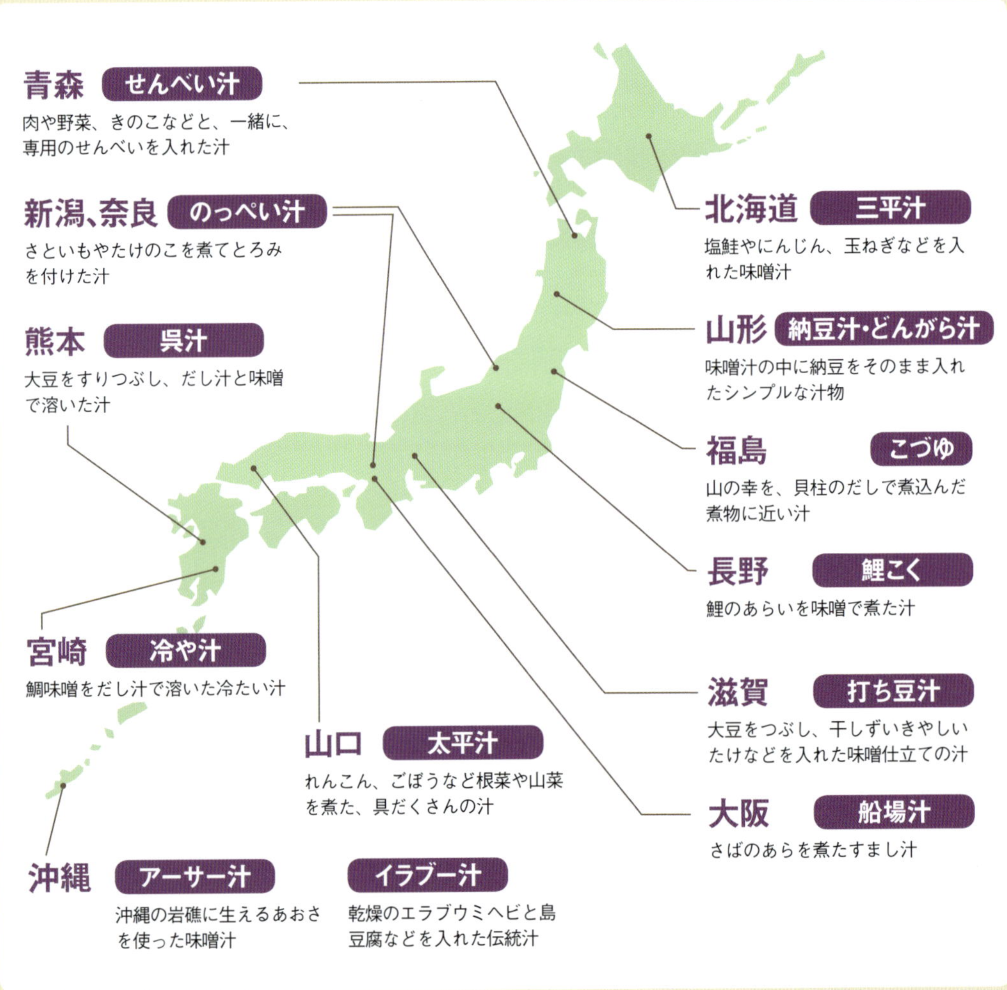

青森 せんべい汁
肉や野菜、きのこなどと、一緒に、専用のせんべいを入れた汁
新潟、奈良 のっぺい汁
さといもやたけのこを煮てとろみを付けた汁
熊本 呉汁
大豆をすりつぶし、だし汁と味噌で溶いた汁
宮崎 冷や汁
鯛味噌をだし汁で溶いた冷たい汁
山口 太平汁
れんこん、ごぼうなど根菜や山菜を煮た、具だくさんの汁
沖縄 アーサー汁
沖縄の岩礁に生えるあおさを使った味噌汁
イラブー汁
乾燥のエラブウミヘビと島豆腐などを入れた伝統汁
北海道 三平汁
塩鮭やにんじん、玉ねぎなどを入れた味噌汁
山形 納豆汁・どんがら汁
味噌汁の中に納豆をそのまま入れたシンプルな汁物
福島 こづゆ
山の幸を、貝柱のだしで煮込んだ煮物に近い汁
長野 鯉こく
鯉のあらいを味噌で煮た汁
滋賀 打ち豆汁
大豆をつぶし、干しずいきやしいたけなどを入れた味噌仕立ての汁
大阪 船場汁
さばのあらを煮たすまし汁

牡蠣のかす汁

Kasujiru

かす汁２種

味にくせのある魚介を使っても
酒粕がまろやかな味にまとめます

鮭のかす汁

鮭のかす汁

材料（2人分）

白鮭…2切れ（200g）
にんじん…1/3本（50g）
玉ねぎ…2/5個（80g）
じゃがいも…1個（150g）
かぶ…1個（100g）
湯葉…60g
酒粕…60g
水…3カップ（600cc）
酒…大さじ1
塩…小さじ1/2

飾り

いくら…大さじ2
万能ねぎ、一味唐辛子
…各適量

01 (準)酒粕を水600ccに40分浸して、ふやかす。

02 にんじん、じゃがいもは1cm幅の半月切りにする。かぶはくし切りにする。

03 玉ねぎは2cm角に切る。万能ねぎは2cm長さの斜め切りにする。

04 湯葉は1.5cm幅の短冊切りにする。

05 白鮭は一口大よりもやや大きめに切って、両面に塩をふっておく。

06 鍋に80℃の湯を沸かし、白鮭を表面の色が変わる程度にさっと湯通しして、ざるに上げる。

07 01の酒粕をふやかした水を、酒粕を残して別の鍋にうつし、玉ねぎ、にんじん、じゃがいもを入れて火にかける。

08 07の野菜に火が通ったら酒粕を小さめのざるで溶き入れる。酒粕が溶けきったら、かぶ、湯葉を加える。

09 酒、塩を加えて味を調節し、湯通しした白鮭を加える。

10 白鮭に火が通ったら器に盛り、万能ねぎと一味唐辛子を散らし、いくらを添える。

Point

白鮭の切り身は
下ゆでする

所要時間
40分
※酒粕の下処理除く

牡蠣のかす汁

材料（2人分）

牡蠣（むき身）…8個（100g）
大根…100g
にんじん…1/6本（25g）
しめじ…1/4パック（25g）
まいたけ…1/4パック（25g）
酒粕…60g
だし汁…2·1/2カップ（500cc）
合わせ味噌…大さじ1·1/2
酒…大さじ1
みりん…大さじ1/2

飾り

長ねぎ(白い部分)…1/4本(15g)

Point

牡蠣は大根おろしで
臭みを抜く

所要時間
35分
※酒粕の下処理除く

01 酒粕をだし汁に入れて40分漬けて、ふやかす。

02 大根は半量をすりおろし、牡蠣と一緒にボウルに入れてもみ込むように汚れを落とす。(ポ)牡蠣は潰さないように注意する。

03 02の大根おろしを洗い流し､80℃のお湯でさっと湯通しする。

04 残りの大根とにんじんは1cm幅3cm長さの短冊切りにする。しめじとまいたけは軸の硬い部分を取ってほぐす。

05 鍋に01のだし汁を入れて火にかけ、残った酒粕を小さめのざるで溶き入れる。

06 05の鍋に大根、にんじんを加え、アクが浮いてきたら取り除く。

07 06の野菜に火が通れば、合わせ味噌をざるで溶き入れる。

08 酒、みりんを加える。

09 煮たってきたらしめじ、まいたけを加える。

10 湯通しした牡蠣を加え温め、器に盛る。細切りにして水にさらした白髪ねぎを上に散らす。

スープのHOTコラム㉔

だしの材料、調味料にこだわる!

素材やだしの旨みが何十倍もアップする、こだわりの調味料を紹介

粉黒砂糖

珊瑚礁の島と称される喜界島の黒糖。ミネラル豊富なアルカリの土壌で育ったサトウキビを使用している
アマ喜

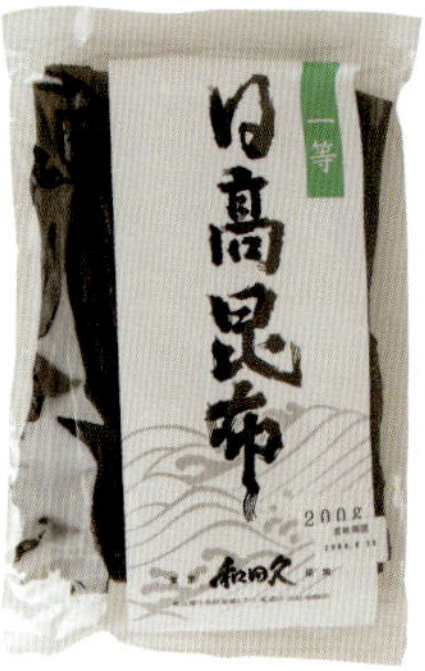

一等　日高昆布

1～4等まである日高昆布の等級のなかでも、北海道漁業組合が認定する最上級品
和田久

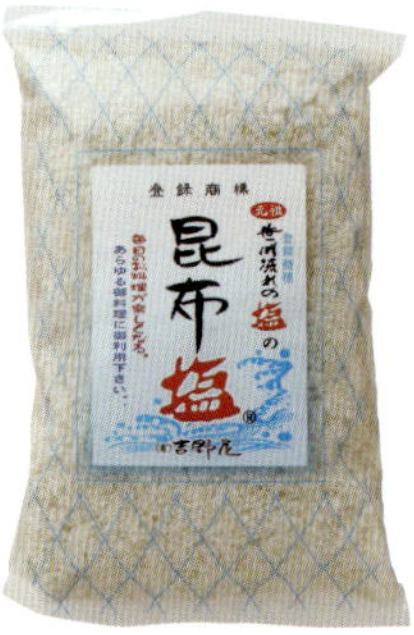

昆布塩

北海道産昆布と海水を入れ、時間をかけて作った塩。まろやかな味なのでだし汁の隠し味に
吉野屋

花かつお削り さんばん

熟成したかつおを鹿児島県・枕崎で天日干ししてから遠赤外線で仕上げ。旨みがたっぷりつまっている
和田久

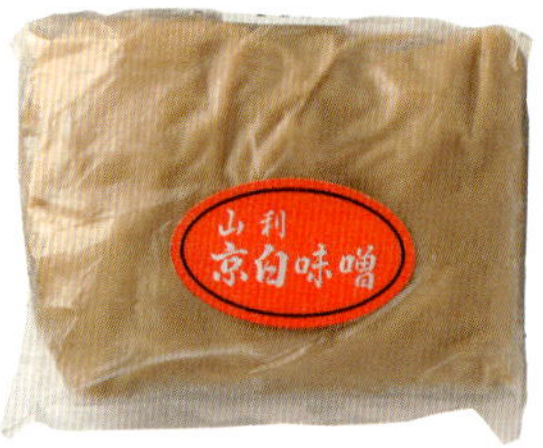

白味噌

国産米と国産大豆を使用した、まろやかな白味噌。無添加なので賞味期限は2週間と短い（年末は要予約）
山利

三十二石大杉樽　二度仕込み「鶴醤」

最高級の大豆で造った醤油に、再び麹を加えるという「再仕込み」という方法で丹念に造られた、コクのある醤油
ヤマロク醤油醸造

仕上がりがワンランク上がる調味料の選び方

スープや汁物に使うブイヨンやだし汁の旨みを引き出す立役者が調味料です。そこで、調味料を選ぶときに確認しておきたいポイントを紹介しましょう。

まずは醤油。商品のラベルに、原料が「大豆」と表示されているものは、大豆を100%使用しているという証拠です。さらに、原料の横に書いてある製造法にも注目です。ここに「本醸造」と表示されているものは、昔ながらの本醸造方式という製法で手間暇かけて作られたもの。選ぶなら、こちらがおすすめです。

1000以上の種類が出回っている塩は、化学的に精製したものよりも自然塩を選ぶことが先決。自然塩のなかでも伝統的な製法のものと、輸入した原料にミネラルなどを添加したものがあります。前者のほうがやや高価ですが、品質もよく、おすすめです。

Zouni

雑煮２種

新年には欠かせない雑煮
すまし仕立て・白味噌仕立てを両方覚えよう

すまし仕立ての雑煮

白味噌仕立ての雑煮

すまし仕立ての雑煮

材料（2人分）

鶏むね肉…50g
大根…50g
にんじん…1/4本（40g）
紅かまぼこ…30g
切りもち…2個
だし汁…2·1/2カップ（500cc）
薄口醤油…小さじ1·1/2
みりん…小さじ1
塩…ひとつまみ

飾り

みつ葉…2本

Point

切りもちはこんがり
香ばしく焼く

所要時間
30分

01 鶏むね肉は5㎜の厚さに切る。

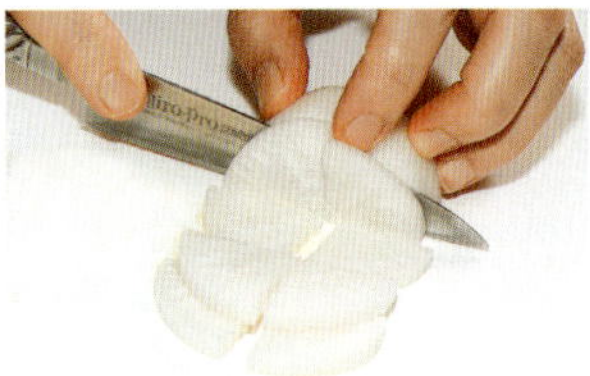

02 大根は3㎜幅のいちょう切りにする。

03 みつ葉は4cmの長さに切る。

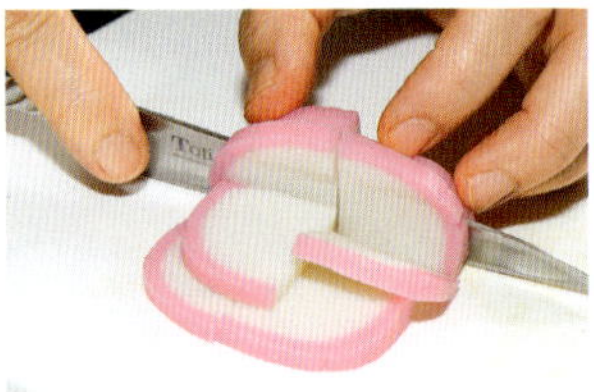

04 紅かまぼこは3㎜幅のいちょう切りにする。

05 にんじんは3㎜幅のいちょう切りにする。

06 鍋にだし汁を入れて火にかけ、大根とにんじんを入れる。

07 切りもちを魚焼き網に並べ、強火でこんがりと焼く。

08 だし汁が沸騰したら、みりん、薄口醤油、塩を加えて味つけをし、約10分煮込む。

09 アクを取り、かまぼこ、鶏肉を加えて火を通す。

10 焼いたもちを加えて、器に盛りつけ、みつ葉を散らす。

白味噌仕立ての雑煮

材料（2人分）

にんじん（型抜きできる幅があるもの）…2cm
きぬさや…2枚
丸もち…2個
かぶ…1/2個（50g）
だし汁…2カップ（400cc）
白味噌…大さじ2
薄口醤油…小さじ1·1/2
塩…ひとつまみ

飾り

黄ゆずの皮…少々

Point

薄口醤油を加えて
味を調える

所要時間
30分

01 きぬさやはヘタと筋を取り除く。

02 かぶはくし切りにする。茎の根元に包丁を軽く入れ、根のほうからはがすように皮をむく。

03 水をはったボウルに02のかぶを入れ、茎の間や根元の汚れを竹串の先でかき出すように洗う。

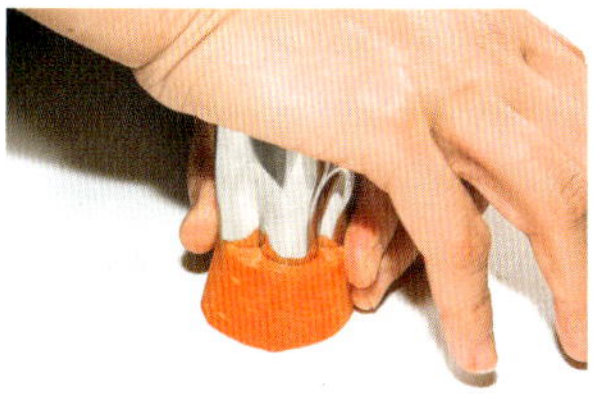

04 にんじんは梅型の直径よりも太い部分を選んで型で抜き、5mm厚さを4枚切り、ねじり梅にする。

05 黄ゆずの皮は3mm幅の長方形に切り、さらに左右1mmのところに交互に切れ目を入れ、端をねじって組み合わせる（折れ松葉）。

06 鍋にだし汁を沸騰させ、にんじん、かぶ、きぬさやをさっとゆでてざるに上げる。㋭野菜を別ゆでにすると仕上がりがきれいになる。

07 だし汁に塩、薄口醤油を加え、ざるを使って白味噌を溶き入れる。

08 丸もちを加え、もちが柔らかくなったら野菜を鍋に戻して温め、器に盛りつける。最後に黄ゆずの折れ松葉をあしらう。

Point

正月らしく華やかにするには

にんじんや黄ゆずの皮を飾り切りに。型で抜いたにんじんは、花びらのみぞから中心に向けて包丁を差し込み、切れ目に向かって斜めにそぎます（ねじり梅）。

型で抜いただけよりも、立体感が出る

スープのHOTコラム㉕

ハレの日を華やかにする飾り切り

お正月の特別料理は、見た目にこだわって美しく仕上げましょう

型抜き

にんじんをいちょう型で抜き、葉の部分だけ切り込みを入れ蝶々に見立てる

型抜き

大根を花びら型や桜型で抜き、食紅で薄く染め薄切りにする

よりうど

にんじんやきゅうり、大根などを細く棒状に切り、菜箸などに巻きつけてすぐに水に浸けるとらせん状になる

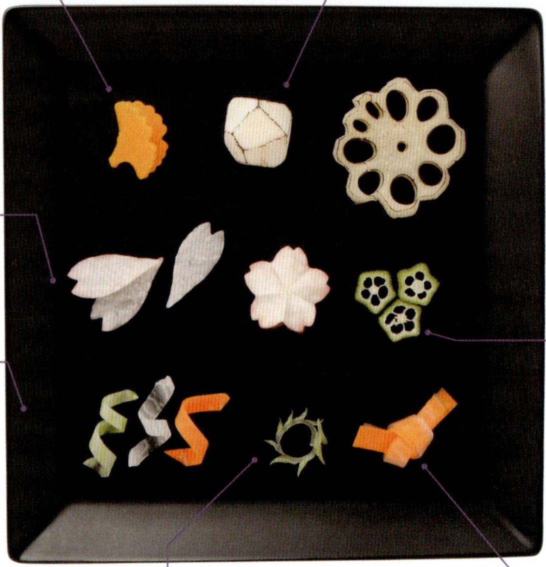

れんこんとさといものバーナー焼き

れんこんは穴の周りにそってV字に切り込みを入れる。さといもは多面体に切る。それぞれに焦げ目をつけると角や切り込みがはっきりする

星形のオクラ

輪切りにして種を抜くと星形になる

短冊切り結び

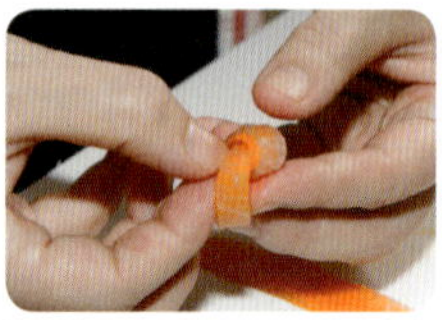

短冊切りにしたにんじんと大根を重ねて結ぶ

唐草切り

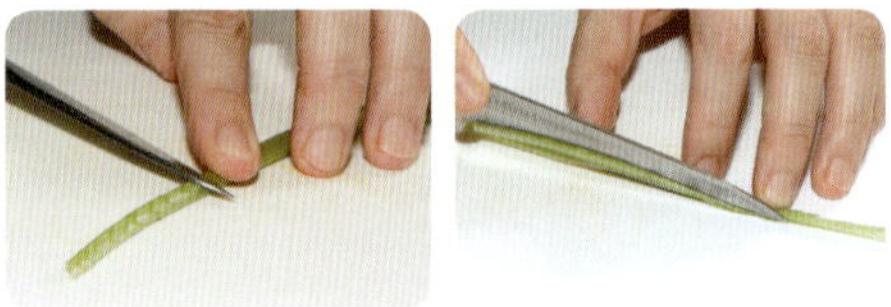

大根の葉の茎などを縦に細切りにし、切り込みを入れて水に浸す。菜箸など丸いものに巻きつけて形をつけ、車輪型に整える

具の形をひと工夫すれば お雑煮が特別な雰囲気に

年のはじめに食べるお雑煮は、1年の無事を祈るという大切な意味のある伝統料理です。各家庭によって具にはさまざまな違いがありますが、野菜やかまぼこといった具が入るなら、飾り切りで華やかさを加えてみてはどうでしょうか。

飾り切りとはいっても、包丁の高い技術は必要ありません。花や葉の形の抜き型を使えば、あとは適当な厚さに切るだけです。お正月だけでなく、節句など特別な日のお吸い物に、春ならば大根を花びらの型で、秋ならばにんじんを紅葉の型でと季節感を出すのも素敵です。

ほかにも、大根やにんじんを短冊切りにして結んだり、棒に巻きつけたりといった方法もあります。また、切るだけでなく、食紅で染めたり、バーナーであぶって焦げ目をつけたりと、色の変化を楽しんでも特別な雰囲気が出ます。

Senbajiru

船場汁2種

さばの身もあらもすべて使う
商家生まれの無駄なしスープ

あらを使った船場汁

一夜干しを使った船場汁

あらを使った船場汁

材料（2人分）

さばのあら…1尾分（240g）
大根…50g
みつ葉…2本
昆布…1枚（5cm角）
水…2·1/2カップ（500cc）
薄口醤油…小さじ1
塩…小さじ1/3

飾り

万能ねぎ…2本（10g）

あらの下処理

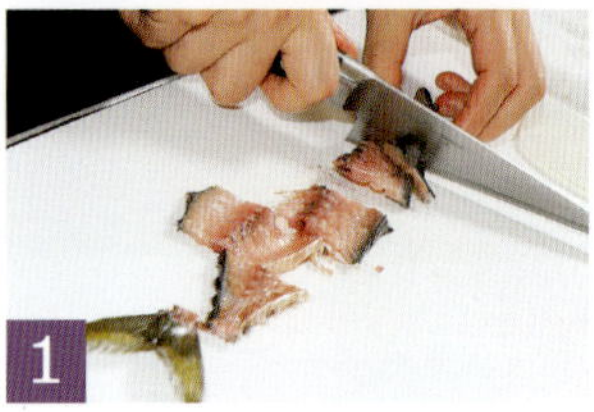

1 中骨はぶつ切りにする。

2 頭は口から包丁を差し込み、2つに割る。

3 あらをすべてボウルに入れ、塩（分量外）をふってもみ込む。

4 あらの上に木のふたをかぶせ、80℃程度の熱湯をかける。

5 よく水洗いして、内臓の残りや血などを取り除く。

01 ㊟昆布を水500ccに約60分漬ける。

02 下処理したあらと01を鍋に入れて火にかけ、沸騰する前に昆布を取り出す。さらに1.5cm幅の短冊切りにした大根を加えて煮る。

03 沸騰したらアクを取り、薄口醤油、塩で味つけする。

04 盛りつける直前に、2cmの長さに刻んだみつ葉を加える。

05 器に盛り、小口切りにした万能ねぎを散らす。

Point

あらは熱湯をかけて臭みを抜く

所要時間
20分
※あらの下処理除く

一夜干しを使った船場汁

材料（2人分）

さばの一夜干し…小1/2尾（130g）
大根…50g
にんじん…1/5本（30g）
昆布だし…2·1/2カップ（500cc）
薄口醤油…小さじ1
酢…少々
塩…小さじ1/3

飾り

黄ゆずの皮、木の芽…各適量

01 にんじんは紅葉の型で抜き、2mm厚さに切る。

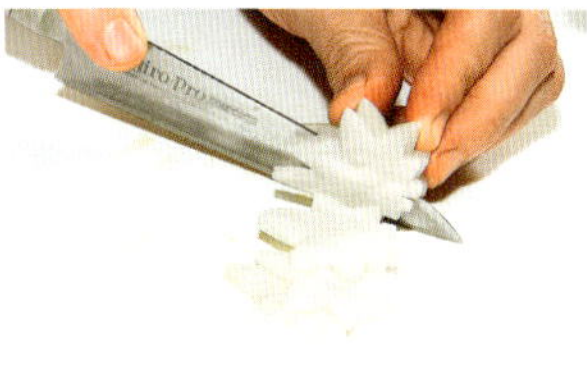

02 大根も同様に、紅葉の型で抜き、2mm厚さに切る。

03 さばの一夜干しを、皮を下にして魚焼き網にのせ、強火であぶる。

04 皮に焼き色がついたらまな板に上げ、2～3cm幅に切り分ける。

05 鍋に湯をわかし、沸騰する前の80℃程度でさばの一夜干しの身を入れてさっとゆで、霜降りの状態でざるに上げる。

06 鍋に昆布だしを沸騰させ、大根とにんじんを入れる。

07 薄口醤油、塩で味をつける。

08 05のさばの一夜干しの身を07の鍋に入れる。

09 アクと余分な脂をすくい取り、最後に酢を加える。

10 器に盛り、黄ゆずの皮と木の芽をあしらう。

Point

最後に酢を加えて
味にアクセントを

所要時間
20分

スープのHOTコラム㉖

味噌の個性に合わせた使い分けのススメ

赤味噌と白味噌、甘口と辛口……ブレンドのバランスが“ミソ”

Check 1

合わせ味噌で素材のおいしさを引き出す

味噌は産地によって原料や発酵に使う麹菌が違い、当然味も異なる。味噌は単独で使うよりも、２～３種類合わせたほうが味に深みが出る

おすすめの合わせ方

信州味噌 ＋ 御膳味噌

酸味があり、さっぱりした信州味噌とまろやかな御膳味噌が引き立て合う関係に

仙台味噌 ＋ 九州麦味噌

麦麹で甘口の九州麦味噌と、米麹で辛口の仙台味噌の、対照的な組み合わせ

Check 2

主体になる具材で使い分ける

味噌の種類による味の違いは、具の味わいに影響を及ぼす。一般的に辛口の赤味噌は魚介類と、甘口の白味噌は野菜類と相性がよいといわれる

魚介類なら 〉 赤味噌 / 信州味噌

野菜類なら 〉 白味噌

Check 3

季節で使い分ける

暑い時期はさっぱりと辛口、寒い季節はまろやかな甘口の味つけの料理が欲しくなるので、夏は赤味噌を多めに、冬は白味噌を多めにする

全国各地の味噌の特徴をつかんでブレンドを

味噌には白味噌、赤味噌などいくつか種類がありますが、何種類かをブレンドして合わせ味噌として使うとよりおいしくなります。ブレンドのコツは、かけ離れた特徴をもつ味噌同士を合わせると味を補い合うということ。具体的に、原料の違う味噌を合わせる方法があります。味噌は大豆に麹と塩を加えて発酵させて作りますが、この麹の原料により米味噌、麦味噌、豆味噌に分かれます。つまり、麹が違う味噌を合わせれば、異なる味同士が引き立て合うのです。

もう一つは、産地が遠いもの同士を合わせる方法。味噌は北海道から九州まで全国各地で作られていますが、同じ米味噌でも産地が違えば製造法は変わります。気候が違うほどこの差が激しく出るので、辛口と甘口、色の濃いものと薄いものなど、いろいろ合わせてみると、興味深い味になるでしょう。

Tsumirejiru

いわしのつみれ汁

つみれはいわしの身の食感を残す
粗いミンチでまとめるのがコツ

いわしのつみれ汁

材料（2人分）

だし汁…3カップ（600cc）
薄口醤油…小さじ1/2
酒…小さじ1/2
塩…小さじ1/3
にんじん…15g
しいたけ…2枚
ほうれん草…15g

いわしのつみれの材料

いわしの身…2尾（160g）
青じそ…2枚
しょうが…小さじ2
長ねぎ（白い部分）…1/4本（15g）
合わせ味噌…大さじ1
片栗粉…大さじ1/2

いわしの下処理

1 包丁のみねで、表面のうろこを取り、頭を垂直に落とす。

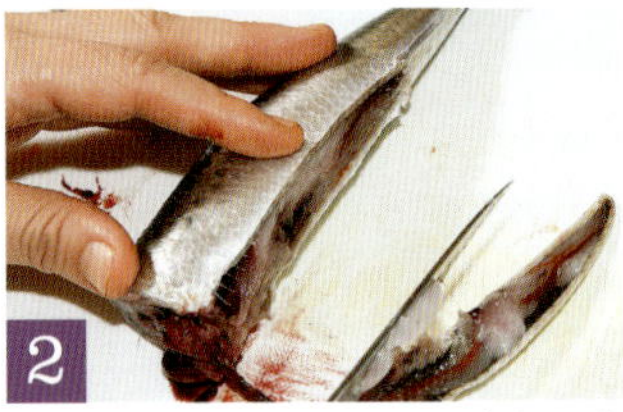

2 1の切り口から肛門まで、腹部を中骨と平行に切り落とし、内臓をかき出す。

3 ボウルに冷水を入れ、いわしの腹の中をよく洗って血や内臓の残骸を取る。

4 水から上げてタオルで水分を取る。(ポ)腹の中の水分までよく拭き取ること。

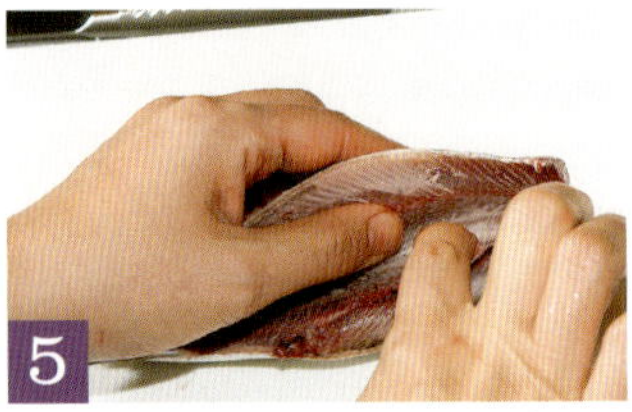

5 人差し指を腹から差し込み、中骨をなぞるようにして身を外し、そのまま身を開く。

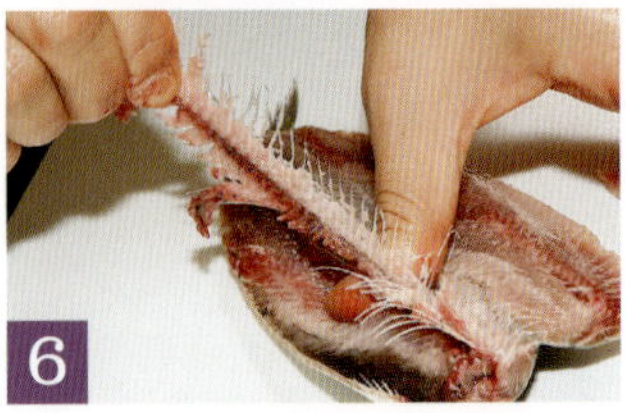

6 尾のつけ根で中骨を折り、頭の方向に向かって中骨をはがし取る。

7 尾を落とし、背中のつながった皮を切り離して左右の身を分ける。

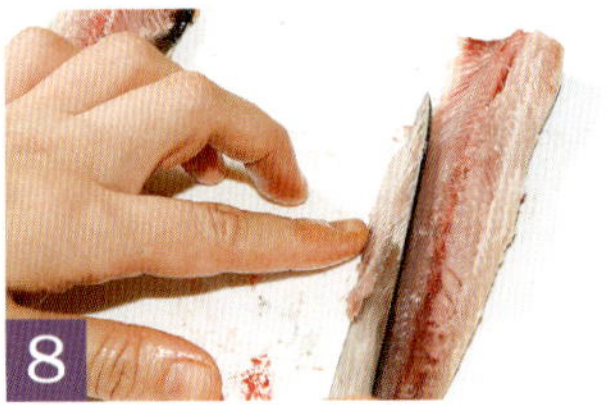

8 腹骨に沿って包丁を動かし、薄くすくい取る。

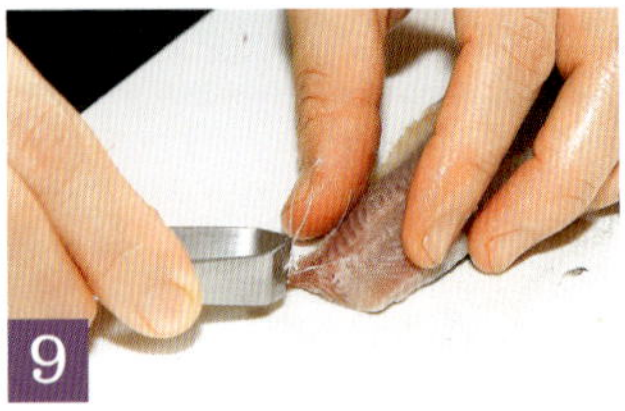

9 小骨を骨抜きや毛抜きで抜き取る。

10 尾の側から皮と身の間に包丁のみねを下に向けて入れ、そのまま包丁を垂直に立てて皮をはがす。

Point

つみれの材料は包丁で均一に混ぜる

所要時間
40分

01 しいたけは軸を落として、かさの部分を薄切りにする。

02 ほうれん草は根元を取って、4cmの長さに切る。

03 青じそは茎を手で取り、みじん切りにして水に放し、アクを抜く。

04 にんじんは1㎜幅の細切りにする。

05 つみれのタネを作る。開いたいわしの身を5㎜角に切る。

06 いわしの身に、みじん切りにしたしょうが、長ねぎ、青じそ、合わせ味噌をのせる。

07 2本の包丁を使い、いわしの身をミンチにしながら06を切り混ぜる。

08 いわしの身と野菜がねっとりとまとまったら、片栗粉を加えてさらに混ぜる。

09 鍋にだし汁を入れて火にかけ、沸騰したらにんじん、薄口醤油、酒、塩を加えて味つけする。

10 にんじんに火が通ったら、しいたけを加えて2～3分火を通す。

11 つみれのタネを手で握り、親指と人差し指で作った輪から握りだしてスプーンですくい取り、10のスープに落とす。

12 または、2本のスプーンを使って、形を整えてもよい。

13 つみれに火が通ったらほうれん草を加えて火を通し、器に盛りつける。

Mistake!

つみれの食感がなくなってしまった

つみれの材料をミキサーにかけると、いわしや長ねぎなどの食感がなくなります。歯ごたえが残る程度に包丁でたたくのが、おいしいつみれを作るコツです。

ペースト状になるまで混ぜてはダメ

Hyajiru

冷や汁と麦ごはん

焦がした鯛味噌の香ばしさがたまらない

01 麦ごはんを炊く。米をよくといだあと、押し麦を加えてさっと洗い、ざるに上げ、ふきんをかぶせて約30分おく。

02 計量カップで米と押し麦を量り、同じ量の水（分量外）を鍋に入れ、ふたをして強火で沸騰したら弱火にして10分炊き、火を止め10分蒸らす。

03 小鯛は流水でうろこを落としながら、よく洗う。

04 胸びれの1cm下から横に3cm程度の切り込みを入れ、指を入れて内臓をかき出す。

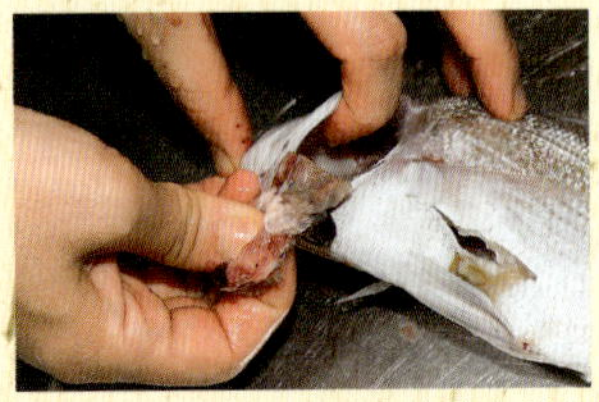

05 水をはったボウルで血や内臓などを洗い流す。えらぶたを開いてえらを外したら、表面の水気をタオルでよく取る。

材料（2人分）

小鯛…1尾（約200g）
白ごま…40g
きゅうり…2/3本(70g)
青じそ…5枚
米…1·2/5カップ
(225g)
水…3·1/2カップ
(700cc)
押し麦…ひとつかみ
合わせ味噌…60g
塩…適量

所要時間
90分

06 バットに小鯛を置き、両面に塩をふって約20分おく。

07 小鯛の表面に臭みのある水分が浮いてくるのできれいに拭き取る。

08 魚焼き網にのせ、強火で焼く。ひれが焦げるので途中でホイルに包む。

09 小骨をよけながら身をほぐし、あらと身に分ける。皮にきれいな焼き目がついた部分の身は、飾り用に少し取っておく。

10 鍋に水を入れ、小鯛のあらを入れて火にかけ、アクを取りながら約15分煮てだしを取る。

11 10のだし汁をざるでこしてボウルに入れ、氷水を入れた大きめのボウルで冷やす。

12 鍋に白ごまを入れて火にかけ、香ばしくから炒りして香りを出す。

13 炒った白ごまをあたり鉢にうつし、粉々になるまでする。

14 13に合わせ味噌、小鯛のほぐし身を加えて、ペースト状になるまで混ぜる。

15 あたり鉢に14の鯛味噌をゴムべらで広げのばし、火をつけたコンロに伏せて、味噌に焼き目をつける。

16 あればバーナーで鯛味噌の表面をこんがり焼いてもよい。

17 焼いた鯛味噌に、冷えただし汁を少しずつ流し入れ、あたり棒で混ぜる。味噌汁よりも濃いめの味にする。
ポ味をみながら調節する。

18 17をボウルにうつし、氷水を入れた大きめのボウルにつけてさらに冷やす。

19 薄切りにしたきゅうりと、せん切りにした青じそに塩をふってしんなりさせる。水をはったボウルで洗い、よく絞る。

20 器に汁を盛り、きゅうり、青じそ、小鯛の身を散らす。麦ごはんを別の器に盛り、冷や汁をかけていただく。

Nakamijiru

なかみ汁

モツは臭みが抜けるまで根気よく洗って

材料（2人分）

モツ（豚の腸をゆでたもの）…250g
こんにゃく…1/4枚（60g）
しいたけ…2枚
にんじん…1/5本（30g）
だし汁…2・1/2カップ（500cc）
紅かまぼこ…20g
薄力粉…大さじ3
薄口醤油…大さじ1
酢…大さじ1
塩…小さじ1/4

飾り

しょうが…1かけ、長ねぎ（白い部分）…1/8本（8g）
糸唐辛子…少々

所要時間
2時間20分
※モツの下処理も含む

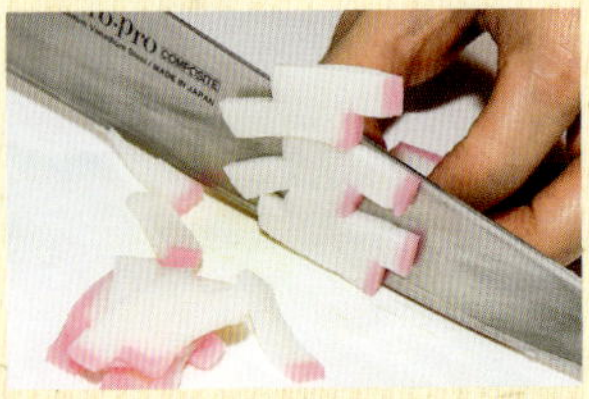

01 紅かまぼこは2mm幅の短冊切りにする。

02 しいたけは軸を取って、かさの部分を2mm幅の薄切りにする。

03 長ねぎは小口切りにして水にさらす。

04 にんじんは2mmの厚さの短冊切りにする。

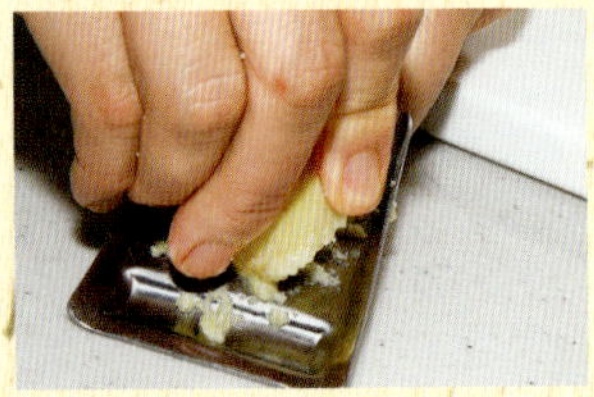

05 しょうがはすりおろす。

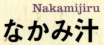

モツの下処理

1

モツに薄力粉を加え、ギュウギュウと音がするくらい強くもみ込む。

2

モツについた薄力粉を水洗いする。これを何度かくり返し、においをかぎ、臭みが抜けていたらOK。

3

鍋に酢を加えたたっぷりの水を沸騰させ、洗ったモツを加えて1時間半ゆでる。

4

ゆでたモツをボウルにうつし、何度か水を替えながらよく洗う。

5

洗ったモツをよく絞り、水気を切る。

06 こんにゃくは2㎜の厚さの短冊切りにして、塩（分量外）をふってよくもみ込む。その後熱湯でさっとゆで、臭みを抜く。

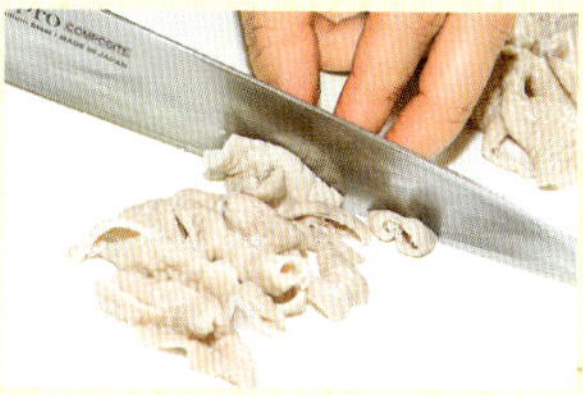

07 モツは1cm幅の4cmの長さに切る。

08 鍋でだし汁を沸騰させ、モツ、にんじんを加えて煮る。

09 にんじんに火が通ったら、塩、薄口醤油を加えて味を調える。

10 しいたけ、かまぼこ、こんにゃくを加えて7～8分煮込み、火が通ったら器に盛って糸唐辛子としょうが、長ねぎを散らす。

Point

モツの臭みがなかなか抜けないときは

薄力粉を水洗いして落とした時点で、必ずにおいをチェック。まだ臭みが強いときは、モツをしぼってからもう一度薄力粉を加えてもみ込み、水洗いします。

臭みがとれるまで何度も繰り返すこと

Kenchinjiru

けんちん汁

野菜たっぷりでヘルシー！ 寒い冬にはコレ

材料（2人分）

木綿豆腐…1/3丁（100g）、豚薄切り肉（ロース）…60g、こんにゃく（湯通ししておく）…1/4枚（60g）、ごぼう…1/4本（50g）、にんじん…1/5本（30g）、油揚げ（熱湯で油抜きをしておく）…1/2枚（12g）、万能ねぎ…1本（5g）、だし汁…2·1/2カップ（500cc）、薄口醤油…大さじ1、酒…小さじ1、塩…小さじ1/4、サラダ油…適量、一味唐辛子…適量

所要時間
40分

01 木綿豆腐、こんにゃく、油揚げは5㎜角の棒状に、にんじん、豚ロース肉は3㎜幅に切る。ごぼうは細切りにして酢水につける。

02 万能ねぎは小口切りにして水に漬ける。しばらくおいて水から上げ、水気を切る。

03 鍋にサラダ油を熱し、水分を取った木綿豆腐を炒める。(ポ)木綿豆腐がくずれるので無理にかき混ぜないこと。

04 木綿豆腐が鍋底からはがれるようになったら豚ロース肉、にんじんを入れて混ぜながら炒める。

05 さらにごぼう、こんにゃく、油揚げを加えて炒め、酒を加える。

06 ある程度混ざったらだし汁を加え、薄口醤油、塩で味を調節する。煮立ったらアクを取り器に盛り、02の万能ねぎと一味唐辛子をふる。

材料（2人分）

ぎんなん…8個、干ししいたけ…2枚、にんじん…1/4本（40g）、さといも…小2個（100g）、ごぼう…1/5本（40g）、くわい…2個（40g）、たけのこ…1/5本（40g）、水溶き片栗粉…大さじ1、昆布だし…3カップ（600cc）、薄口醤油…小さじ2、みりん…小さじ1、塩…小さじ1/2

飾り

万能ねぎ…1本

所要時間
70分
※干ししいたけの戻し時間除く

Noppeijiru

のっぺい汁

とろみがあって体が温まる、寒い地方の汁物

01 干ししいたけは水（分量外）で半日～1日戻し、絞ってから軸を取って4つに切る。ポ戻し汁は捨てないこと。

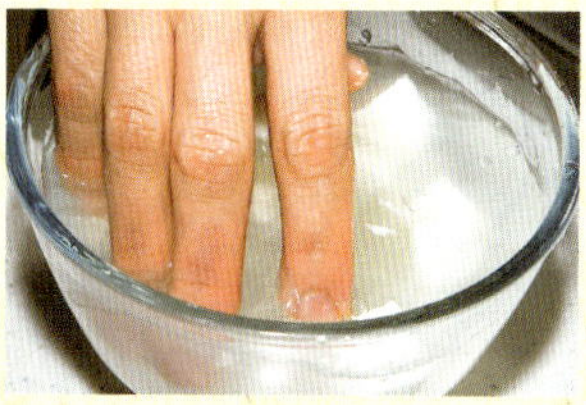

02 さといもは厚めに皮をむいて1.5cm角に切り、水でよくもみ洗いする。

03 にんじん、たけのこ、ごぼう、くわいは1.5cm角に切る。ごぼうは酢水につける。万能ねぎは斜めに切る。

04 鍋に昆布だしとしいたけの戻し汁少々を入れ、にんじん、ごぼう、たけのこを10分煮る。

05 さといもとしいたけを加えて10分煮て、その後くわいとぎんなんを入れ、柔らかくなるまで煮る。

06 薄口醤油、みりん、塩を加え、水溶き片栗粉でとろみをつける。器に盛り、万能ねぎを散らす。

材料（2人分）

豚薄切り肉…60g、大根…30g、にんじん…1/5本（30g）、れんこん…小1/5節（30g）、ごぼう…1/6本（30g）、さといも…小1個（50g）、こんにゃく…1/4枚（60g）、だし汁…2カップ（400cc）、合わせ味噌…30g、ごま油…小さじ1、塩、酢…各適量

飾り

長ねぎ（白い部分）…1/4本（15g）

所要時間
40分

Tonjiru

豚汁

家庭料理の基本といえる具だくさんのスープ

01 こんにゃくは手で細かくちぎり、塩をまぶして2～3分ゆでる。大根、にんじん、さといも、れんこんは3㎜幅のいちょう切りにする。

02 さといも、小口切りの長ねぎ、れんこんを水につける。ごぼうはささがきにして酢水につける。こんにゃくは湯通しする。

03 鍋にごま油を熱し、2cm幅に切った豚薄切り肉を炒める。㋭鍋底から自然に肉がはがれるまで無理にかきまぜないこと。

04 にんじん、れんこん、ごぼう、大根、さといも、こんにゃくの順に加えて炒める。

05 野菜に火が通ったらだし汁を入れ、鍋底の旨みをこそげ取ってから野菜が柔らかくなるまで煮る。

06 合わせ味噌をざるを使って溶き入れる。器に盛り、長ねぎを散らす。好みで一味唐辛子を散らしてもよい。

材料（2人分）

納豆…1パック（50g）、かぼちゃ…50g、なす…小1本（50g）、油揚げ…1/2枚（12g）、木綿豆腐…1/6丁（50g）、だし汁…2·1/2カップ（500cc）、赤味噌…大さじ2

飾り

万能ねぎ…1本（5g）

所要時間
25分

Nattojiru

納豆汁

納豆のもつまろやかで濃厚な味わいが絶品

01 なすは2つに割って2mm幅の薄切りにしてから水につけ、ふきんで水気を拭く。

02 油揚げは熱湯でゆでて油抜きしてから、5mm幅の短冊切りにする。

03 かぼちゃは皮をむかずに、2mm幅の薄切りにする。豆腐は1cm角に切る。

04 納豆は包丁2本で叩いてひき割りにする。㋭ひき割り納豆があればそれを使ってもよい。

05 鍋にだし汁を入れ、かぼちゃ、なすを入れて煮る。煮立ったら木綿豆腐と油揚げを入れ、赤味噌をざるを使って溶き入れる。

06 飾り用の納豆を少し残したあと、汁で納豆をのばしながら加える。器に盛り、納豆と小口切りにした万能ねぎを散らす。

材料（2人分）

南部せんべい（せんべい汁用）…6枚
鶏もも肉…100g、にんじん…1/5本（30g）、ごぼう…1/4本（50g）、えのき…1/2袋（50g）、糸こんにゃく…1/2袋（100g）、さつまいも…1/5本（40g）、だし汁…800cc、醤油…大さじ3、酒…大さじ1、酢…適量

飾り

長ねぎ（白い部分）…1/10本（10g）

所要時間
15分

Senbeijiru

せんべい汁

せんべいを具にしたボリュームたっぷりスープ

01 長ねぎは小口切りにして水に浸す。にんじん、さつまいもは細切りにする。鶏もも肉は一口大に切る。南部せんべいは一口大に割る。

02 ごぼうはささがきにして、酢水につける。

03 糸こんにゃくとえのきは4cm長さに切り、糸こんにゃくは下ゆでしてざるに上げる。

04 鍋にだし汁を入れ、にんじんとごぼうを先に煮る。

05 醤油、酒で下味をつけ、さつまいも、糸こんにゃく、鶏肉を加えてさらに煮る。

06 えのきを入れ、火が通ったら南部せんべいを割り入れ醤油で味を調える。器に盛り、長ねぎを散らす。

材料（2人分）

大豆（乾燥）…1/4カップ（40g）、油揚げ…1/2枚（12g）、長ねぎ（白い部分）…1/4本（15g）、塩蔵わかめ…10g、だし汁…2·1/2カップ（500cc）、味噌…大さじ1·1/2

所要時間
30分

Gojiru

呉汁

具にも味噌にも、大豆づくしのスープ

01 大豆は水に一晩つけて戻し、あたり鉢でつぶす。

02 油揚げは油抜きして5mm幅に、塩蔵わかめは塩抜きして2cm幅に切る。長ねぎは斜めの薄切りにする。

03 01の大豆を鍋にうつし、だし汁で溶きのばしてから火にかける。

04 汁が温まってきたら油揚げを加える。アクがよく浮くので、こまめに取り除く。

05 ざるを使って味噌を溶き入れる。

06 わかめ、長ねぎを加えてひと混ぜしたら器に盛る。

Ahsajiru

アーサー汁

海藻たっぷり！　ヘルシーな“島”のスープ

材料（2人分）

アーサー（あおさのり）…4g、島豆腐…1/4丁、だし汁…500cc、しょうが…1かけ、醤油…小さじ1、塩…少々

所要時間
10分

01 アーサーを水で戻す。その後かぶるくらいの水でよく振り洗いして、砂を落とす。

02 洗ったアーサーは、ざるの側面に押し当てて水分をよく絞る。

03 しょうがはすりおろし、汁を絞る。

04 島豆腐はあられ切りにする。

05 鍋にだし汁を温め、醤油、塩で味を調節してから島豆腐とアーサーを入れる。

06 最後に小さじ1/2杯分のしょうがの絞り汁を加え、器に盛る。

材料（2人分）

だし汁…2·1/2カップ（500cc）、白味噌…40g、酢、薄力粉、塩、揚げ油…各適量

れんこんもちの材料

れんこん…小1節（150g）、白玉粉…60g、水…60cc、松の実…大さじ2

飾り

にんじん…30g（2cm）、ほうれん草…1株（20g）、れんこん…小1/6節（25g）、からし…少々

所要時間
90分
※れんこんの下処理含む

Renkonmochi&Misoshiru

れんこんもち入り味噌汁

優しい味のもちと松の実の香ばしさが特徴

01 れんこんもちを作る。れんこんは皮をむき、酢水に1時間つけてからすりおろす。巻きすにおろしたれんこんを広げ、水気を切る。

02 ボウルに白玉粉、水、塩適量を入れて手で混ぜ、まとまったらすりおろしたれんこんを入れてさらに混ぜる。

03 02を2つに分け、せいろに濡れぶきんを敷いてその上にのせ、強火で10分蒸す。

04 松の実はから炒りする。飾りのれんこんは花形に切り、にんじんは型で抜く。ほうれん草は塩ゆでにして、素早く冷まし2等分にする。

05 松の実を03のれんこんもちに入れて練って丸め、薄力粉をまぶして180℃の油で3～4分揚げる。揚げたあとは熱湯をかけて、油抜きする。

06 だし汁を温め、白味噌を溶いて飾り用のれんこん、にんじんに火を通す。器にれんこんもち、ほうれん草を盛り汁を注ぎ、からしを添える。

材料（2人分）

かぶ…小3個（200g）、絹ごし豆腐…1/4丁（60g）、せり…1/4束（30g）、だし汁…2カップ（400cc）、薄口醤油…小さじ1、酒…大さじ1/2、塩…小さじ1/3

飾り

黄ゆずの皮…少々

所要時間
15分

Mizorejiru

かぶのみぞれ汁

口の中でほろりと溶けるかぶの香りを楽しんで

01 かぶの皮は筋ごと厚くむき取る。ヘタの部分を持ち、おろし金ですりおろす。

02 すりおろしたかぶを巻きすに広げ、軽く絞って水気を切る。

03 絹ごし豆腐は7㎜角に切り、水につけてにがり分を落とす。せりは下ゆでして氷水に落とし、絞って2cm長さに切る。

04 だし汁を温め、薄口醤油、酒、塩で下味をつける。さらに豆腐を加える。

05 煮たってきたら02のかぶ、せりを加え煮立たせ、アクを取る。

06 塩で味を調えて器に盛り、すりおろした黄ゆずの皮を上に散らす。

材料（2人分）

豚肉…50g、大根…30g、さといも…1/2個（30g）、かぼちゃ…30g、さつまいも…1/6本（30g）、だし汁…2・1/2カップ（500cc）、醤油…大さじ1、みりん…大さじ1

すいとんの材料

うどん粉（中力粉）…60g、片栗粉…40g、水…70cc

飾り

長ねぎ（白い部分）…少々

所要時間 30分

Suitonjiru

すいとん汁

地方ごとに呼び名が異なる家庭料理の定番

01 長ねぎは斜めの薄切りにして水にさらす。

02 かぼちゃ、大根、さといも、さつまいもを3㎜厚さに切る。さといもは下ゆでしてざるに上げる。豚肉は一口大の薄切りにする。

03 鍋にだし汁を沸騰させ、豚肉を入れる。煮たったら大根を入れ、醤油、みりんを加える。

04 ボウルにすいとんの材料を入れて混ぜる。(ポ)初めは箸で混ぜ、タネがまとまってから手で混ぜるとよい。

05 生地がなめらかにまとまったら、ラップをしばらくかけておく。

06 03に残りの野菜を入れる。再び煮たったら、すいとんをスプーンで鍋に落とす。すいとんが浮いてきたら器に盛り、01の長ねぎを散らす。

[著者]

川上文代

FUMIYO KAWAKAMI

幼少の頃より料理に興味を持ち、中学３年から高校３年生までの4年間、池田幸恵料理教室で料理を学ぶ。大阪あべの辻調理師専門学校卒業後、同校職員として12年間勤務。その間、辻調理師専門学校・大阪校、フランス・リヨン校、エコール・キュリネール国立校にてプロ料理人育成に勤める。フランス・リヨン校では初の女性講師となり、フランスの３つ星レストラン“ジョルジュ・ブラン”での研修も体験。
1996年より渋谷区に、デリス・ド・キュイエール川上文代料理教室／レストラン主宰。辻調理師専門学校外来講師、各地で講演、雑誌、新聞などで活躍中。食品メーカーの商品開発、レシピ考案にも携わる。著書に『たれとソースの早引き便利帳』(青春出版社)などがある。

デリス・ド・キュイエール　川上文代料理教室

東京都渋谷区桜丘町9-17　TOC第3ビル
tel：03-5456-9071／fax：03-5456-9072
http://www.delice-dc.com

本書は2007年12月に小社より出版した『イチバン親切なスープとシチューの教科書』の新装版です。
判型を変え、改題いたしました。

本書の内容に関するお問い合わせは、**書名、発行年月日、該当ページを明記**の上、書面、FAX、お問い合わせフォームにて、当社編集部宛にお送りください。**電話によるお問い合わせはお受けしておりません。**
また、本書の範囲を超えるご質問等にもお答えできませんので、あらかじめご了承ください。
FAX：03－3831－0902
お問い合わせフォーム：http://www.shin-sei.co.jp/np/contact-form3.html

落丁・乱丁のあった場合は、送料当社負担でお取替えいたします。当社営業部宛にお送りください。

新装版 スープの教科書

2018年９月25日　初版発行

著　者　川　上　文　代
発行者　富　永　靖　弘
印刷所　公和印刷株式会社

発行所　東京都台東区 台東２丁目24　株式会社　新星出版社
〒110－0016　☎03(3831)0743

ISBN978-4-405-09362-1